O CASAL EM TODAS AS CORES

Desenhando o amor que nasce, cresce e cura

VANNA PUVIANI

O CASAL EM TODAS AS CORES

Desenhando o amor que nasce, cresce e cura

TRADUÇÃO
Márcia Regina Ribeiro da Silva

REVISÃO TÉCNICA
Cynthia Ladvocat

Artesã

O casal em todas as cores: desenhando o amor que nasce, cresce e cura
2ª edição

TRADUÇAO
Márcia Regina Ribeiro da Silva

REVISÃO TÉCNICA
Cynthia Ladvocat

REVISÃO
Maggy de Matos

CAPA
Karol Oliveira

ILUSTRAÇÃO
Daniele Orlandini

PROJETO GRÁFICO E DIAGRAMAÇÃO
Conrado Esteves

FICHA CATALOGRÁFICA

P993c Puviani, Vanna.
O casal em todas as cores : desenhando o amor que nasce, cresce e cura / Vanna Puviani ; tradução de Márcia Regina Ribeiro da Silva. – 2. ed. – Belo Horizonte: Artesã Editora, 2014.
200 p. ; 16 x 23cm.

ISBN 978-85-88009-43-1

1. Psicoterapia. 2. Psicoterapia familiar. 3. Terapia de casal. 4. Casos clínicos. I. Título.

CDD 616.891
CDU 615.851

Bibliotecária responsável: Camila C. A. C. de A. Araujo CRB6/2703

IMPRESSO NO BRASIL
Printed in Brazil

ARTESÃ EDITORA LTDA.
Site: www.artesaeditora.com.br
E-mail: contato@artesaeditora.com.br
Belo Horizonte/MG

Para o meu marido
ainda capaz de rir de si
de mim
de nós

Sumário

OS CASOS CLÍNICOS

E PARA TERMINAR

Bem-vindos

Caros leitores, convido vocês para folhear e ler este livro que pretende ser uma viagem ao despertar do desejo.

Um guia que cuida do desejo que todos nós temos de amarmos e de sermos amados.

Aqui vocês encontrarão indicações úteis para encarar as diversas fases do amor, desde o seu *nascimento* ao seu *crescimento* e à sua capacidade de ser a melhor cura para todos os dramas humanos.

Esta é uma viagem que os levará rumo a uma transformação: da dor amorosa, que é sempre sinal de uma paralisação ou acúmulo, à cura do desejo, que é sempre ação e movimento.

E utilizarei o fluir do rio como metáfora mítica do fluir da vida, para dar um significado universal à luta pessoal.

É o *Rio do Arco-Íris* porque é uma viagem rica em cores e em possibilidades, assim como a vida, porque é um convite a sair do sistema binário do preto e branco, do sim *ou* do não, do viver juntos *ou* do viver separados, para entrar na atmosfera da variedade multidimensional da vida humana – que é mais cheia de *e* do que de *ou* –, para acrescentar em vez de retirar, para unir em vez de separar.

Esta é uma viagem rica em indicações e preciosidades porque tem uma trilha aberta por corajosos pioneiros, que passaram pela esperiência de percorrer o *Rio do Arco-Íris* e que por ele se deixaram banhar, transformar e colorir.

Esta é a proposta do livro: apresentar o primeiro curso de formação "*Um percurso criativo com o casal em oito etapas*", ministrado em Milão – Itália – que contém as oito fases da viagem que aqui vou ilustrar, para convidar você também, leitor, a se contaminar e se transformar, para poder transformar e enfeitar o mundo.

O convite que lhe faço é o de imaginar o *casal* como se fosse uma *criatura* que atravessa várias fases, que vão do nascimento ao crescimento e, finalmente, à cura de si mesmo, passando por crises fisiológicas inevitáveis e necessárias para evoluir.

Assim, a leitura e o diagnóstico do *casal em crise* devem ser vistos como uma etapa necessária para poder conhecer formas de relações amorosas cada vez mais evoluídas. A crise é vista, não como o fim da vida de casal, mas como expressão de novas necessidades, como proposição de uma forma mais madura de relacionamento.

Se partirmos da ideia de que todos nós temos um coração e pegarmos emprestada a ideia de um mundo dividido em duas categorias: *os que buscam e os que oferecem*, cada um de nós pode se perguntar: onde me encontro? E em qual grupo gostaria de estar? Mesmo se nos reconhecemos deste lado do rio, entre as pessoas amedrontadas que *sofrem* por amor, sempre podemos despertar o *desejo* de ir para o outro lado, para estar entre as pessoas que *oferecem* amor, utilizando para isso as ideias e as instruções aqui ilustradas, com os votos de que, nestas páginas, você, leitor, possa encontrar os estímulos que procurava.

A identidade deste livro está toda aqui, ao propor aos profissionais da saúde e às pessoas curiosas novos olhares e novas ideias sobre a crise, a serem vistas como gritos de ajuda para aceitar, acolher e escutar, para tratarmos das nossas necessidades ao invés de negá-las, projetá-las e traí-las.

A *crise* como pedido de ajuda: *vocês me amam?* Ou como fim do amor, *vocês não me amam?*

Ninguém pede para viver sem amor. Sem amor há desintegração e se cai no abismo do desespero; o amor é a força que une e mantém juntos o mundo e as pessoas.

Continuamos a lutar com o desejo? Ou nos deixamos conduzir pela sua rítmica e pelo seu movimento que nos obriga a segui-lo? Seguir o desejo quer dizer chegar à meta, ao lugar paradisíaco da intimidade.

Amar a si mesmo significa iniciar uma história
de amor que dura a vida toda.
OSCAR WILDE

Prefácio

Este é um livro sobre saúde, contém temas que dizem respeito à vida do casal que conhecemos, mas quer oferecer uma viagem especial a todos aqueles que estão interessados em procurar os caminhos que nos levam a ter bons encontros, com nós mesmos e com o outro, para vê-los e reconhecê-los como belas oportunidades.

O ambiente que procurarei criar é o do viajante que, às margens de um *rio*, com o ritmo de quem o percorre a pé, conta uma história com as três etapas do curso da água, que nasce, cresce e muda seguindo percursos que, a partir da nascente, o transformam em torrente e cascata, evocando uma natureza humana em contínua transformação.

Mas o que oferece de *especial* esta viagem aquática e amorosa?

Oferece uma *nova meta* e *novos meios* para atingi-la.

A meta? Prevê três etapas fundamentais:

Na primeira etapa visitamos o NASCIMENTO da nossa história amorosa, dentro do abraço mãe-criança que nos acolheu na vida e dentro do abraço do casal que escolhemos para nos apaixonarmos pela vida. Neste lugar, encontramos as sementes do desabrochar, que caracterizam cada aventura amorosa, reencontramos aquele paraíso original que é útil visitar para recordar e reconhecer os segredos da atração, para poder reevocar a vida que sonhamos.

Na segunda etapa visitamos as provas úteis para o CRESCIMENTO: os lugares da *queda* das alturas do sonho para voltar à realidade do cotidiano. Este é um lugar todo novo, que requer iniciativa, independência e empreendimento, qualidades que todos nós possuímos mas que, se não conseguimos reconhecer em nós, criam desorientação e sensação de perda, e, por último, de ira. Este é o lugar mais povoado, o mais frequentado, com territórios ocupados pelos casais desiludidos à procura de ilusões sem fim, outros territórios ocupados por casais nostálgicos procurando paraísos perdidos e outras zonas – de abismos e redemoinhos – ocupados por casais em guerra, com raiva do passado emergindo no presente com as pessoas erradas e de maneiras erradas.

Este é o lugar mais fascinante porque é como o canal do parto, uma zona estreita de *passagem* e, portanto, de *crise*, útil para preparar uma nova criatura: o nascimento da própria história amorosa.

Aqui é necessária toda a criatividade para seguir as placas indicativas certas e encontrar as próprias saídas, aquelas que vão rumo ao autorreconhecimento de si mesmo e da própria história de amor.

Farão parte do livro todas as placas que ilustram esta segunda etapa do amor, com as indicações úteis e as atrações eficazes para ir rumo ao crescimento pessoal e do casal.

Na terceira etapa visitamos os lugares dos CUIDADOS do amor, ideias e sugestões que vão no sentido de tomar conta de si mesmo para querer bem ao outro, de poder brilhar com luz própria para ver o mundo sob uma luz melhor.

As três etapas da nossa viagem têm o objetivo de acompanhar os nossos turistas viajantes desde a euforia inicial da viagem amorosa, que nos é ofertada, até a euforia final da viagem, que, ao contrário, é conquistada, e passa por crises típicas de toda mudança, úteis para nos trasformar, de turistas que seguem o guia exterior, em viajantes que seguem o próprio guia interior, a própria estrela.

Desde o abraço da mãe, que nos é dado, ao abraço amoroso, que escolhemos para nós.

E os novos meios de transporte?

Os meios de transporte que escolhemos são as folhas brancas de papel e os símbolos dirigidos para desenhar, para sair do caos negro e escuro do não conhecimento e ir rapidamente dando luz, forma, cor e movimento à própria história de amor. A nossa história é sempre cheia de encontros importantes, do passado e do presente, todos a serem reconhecidos e *vistos* para que se possa escolher, em cada etapa da nossa vida, quais pessoas manteremos próximas e quais distantes.

Para fazer essas visitas usamos os *símbolos* como condutores especiais, para chegar a zonas que, de outro modo, seriam inacessíveis à mente consciente; símbolos, também, para ir além das palavras e poder visitar as imagens mais belas, isto é, as próprias, aquelas que povoam o inconsciente, e, assim, poder voltar em paz consigo mesmo, reconhecer-se na própria beleza e unicidade para se fazer reconhecer e finalmente se fazer apreciar e amar pelas pessoas queridas.

Partir com a folha branca é como partir nu, será a viagem que fará descobrir novas roupas, personalizadas e coloridas.

Por que é uma viagem *especial*?

Porque existe um convite, há um desafio: a procura de *um novo modo de olhar* a viagem amorosa, que é olhar o *casal* como se fosse uma *criatura*.

Como se fosse... um indivíduo que, após o seu nascimento, a seguir recebe os impulsos naturais em direção ao crescimento, e atravessa as crises para poder ir de uma fase a outra do desenvolvimento.

Assim, com este olhar, que eu chamaria tridimensional, nós, psicoterapeutas, conseguimos ajudar *os casais em crise* a se verem no caminho? A sentirem-se em um movimento evolutivo, com a *crise* que assinala a *urgência de uma passagem* de uma fase a outra do crescimento, ao invés de chegar ao *fim* do amor?

Com que frequência compactuamos com *o casal em crise* e decretamos a separação como única solução, com a manutenção de estados de guerra ainda mais intensos e atormentados que durante a convivência?

Este é um convite a todos os profissionais da saúde para que olhem com muita atenção para as relações que estão em uma fase de rancor e escuridão, com parceiros sofridos que estão à procura de maneiras melhores e mais luminosas para se encontrarem e se apreciarem, e que são diversas daquelas relações que estão no fim do seu percurso juntos, e cujos parceiros estão plenamente de acordo quanto a se separarem e se despedirem para empreenderem outras viagens.

É uma *viagem* especial, até porque tem um *guia novo*.

É um *guia* representado não por uma pessoa, que teria sempre limitações, mas por uma experiência, que é rica porque é vivida, navegada e experimentada ao vivo por um grupo de pessoas.

Este guia que o livro oferece é um *Per-Curso de Formação*, com profissionais da saúde, que, para propor os caminhos para o *nascimento*, o *crescimento* e a *cura* do casal, vão procurá-los em primeira pessoa, no interior de si mesmos e no interior do próprio casal, utilizando a vida pessoal para poder colorir e enriquecer a própria vida profissional.

Este livro oferece este CURSO DE FORMAÇÃO aberto a todos, onde narro os encontros e as ideias e proponho alguns exercícios ilustrados com os desenhos dos colegas participantes.

Haverá também, em cada capítulo, um fragmento de uma obra de arte, útil para ilustrar cada um dos oito temas escolhidos, que giram em torno da formação do casal, para que a vida de casal seja olhada como uma obra de arte, como uma espécie de arte.

É uma *viagem* especial destinada aos profissionais *da saúde.*

É para aqueles que escolhem acompanhar os casais em uma viagem plena de complexidade, com a curiosidade de explorarem juntos os caminhos que traçam o percurso que vai do amor que nasce, do amor que cresce, até chegar ao amor que cura, com a clareza de traçar antes e de deixar depois o mapa para essas pessoas, para que elas possam usufruir da autonomia e da felicidade de saber *como* ***cuidar*** *de si mesmo e do próprio casal.*

Este é um percurso que vai da dependência à independência, onde o casal pode desenhar e projetar o seu modo criativo de viajar com a ajuda de um acompanhante especialista, para a seguir poder reconhecer-se na própria capacidade de inventar e reinventar ele mesmo a sua história amorosa, em um acordo entre os dois autores, sem a necessidade de um terceiro autor, que corre o risco de se tornar muito ameaçador para a intimidade do casal, e, portanto, incômodo, seja para o casal, seja para o profissional.

Esta é uma oferta, uma relação de troca entre o guia, que propõe, e o viajante, que escolhe onde cada um dá e recebe, para que todos saiam dela sempre um pouco mais sábios e um pouco mais gentis.

É uma *viagem* especial porque é destinada também aos *não especialistas.*

Foi pensada e dedicada a todos aqueles que estão à procura de como organizar melhor a própria viagem amorosa; e, como eu dizia, aqui todas as pessoas curiosas poderão encontrar ideias úteis e convites para visualizar os obstáculos – as mudanças -, como oportunidades, como graças e não como desgraças, e visualizar as crises como ocasiões inevitáveis para crescer.

Poderão encontrar indicações e atrações para viajar de modo mais cômodo, isto é, personalizado, e para ir sempre mais longe e portanto sempre mais perto da zona da intimidade, e tocar de perto a centelha originária do *encontro*, para se apaixonarem por si, por ele, por ela, por eles, pela vida.

Para se imaginarem capazes de dar abraços e não apenas de esperá-los, capazes de demonstrar amor e não apenas de pedir amor.

É uma *viagem* especial porque é *em cores*.

Onde as imagens ou são desenhadas ou são narradas, e, assim, são visíveis, ou, de qualquer forma, sempre evocativas.

É como se fosse uma narrativa fotográfica do mundo interior e do mundo exterior, porque através dos símbolos desenhados e escolhidos cada um pode ir vendo os próprios amores: as pessoas próximas que gostaríamos que estivessem distantes e as pessoas distantes que gostaríamos que estivessem próximas, *visualizá-las* para *escolhê-las* em vez de suportá-las.

Portanto, é para todos, para aqueles que neste momento estão no interior de um casal ou fora dele, porque também pode-se viver sem um parceiro, mas não sem amor: todos nós temos um coração.

Este livro é *"para quem é casado, para quem quer se casar, para quem não tem vontade de fazê-lo e para quem está ainda na dúvida. Cada um encontrará assuntos que poderão servir para melhorar o próprio casamento, para compreender que não se pode melhorá-lo, para programá-lo com juízo, para tirar as próprias dúvidas ou para justificar a própria decisão de se manter longe de tantas complicações."*[1]

É uma *viagem* especial porque gostaríamos *que não acabasse nunca.*

De fato, este livro quer oferecer ao leitor a oportunidade de se sentir *em viagem sempre*, para descobrir a beleza naquilo que vemos em cada lugar e em cada momento, e *nos apaixonarmos pelos nossos encontros* cotidianos com as coisas, com as ideias e com as pessoas, como a viagem para Ítaca nos sugere.

[1] Da Introdução de G.Gulotta *"Commedie e drammi nel matrimonio"*, Feltrinelli, Milano, 1993.

Ítaca
de Costantino Kavafis

Quando partires de viagem para Ítaca
deves desejar que o caminho seja longo,
rico em aventuras e em experiências.
Os Lestrigões e os Ciclopes
ou a fúria de Netuno não temas,
não será este o gênero de encontros
se o pensamento está elevado e um sentimento
firme guia o teu espírito e o teu corpo.
Nos Ciclopes e nos Lestrigões, é certo,
nem no irascível Netuno esbarrarás
se não os trazes dentro
se a alma não os confronta contigo.

Deves desejar que o caminho seja longo.
Que as manhãs de verão sejam tantas
quando nos portos – finalmente e com que alegria –
tocarás tu a terra pela primeira vez:
nos armazéns fenícios demora-te e conquista
madrepérolas corais ébano âmbar
toda a mercadoria fina, e também perfumes
penetrantes de todo tipo; os perfumes mais inebriantes que encontrar,
vai a muitas cidades egípcias
aprenda diversas coisas com os sábios.

Deves sempre ter em mente Ítaca –
que alcançá-la seja o pensamento constante.
Sobretudo, não apresses a viagem;
faze com que dure bastante, por anos, e que quando for velho
coloques o pé na ilha, tu estejas rico
pelos tesouros acumulados pela estrada
sem esperar riquezas de Ítaca.
Ítaca te deu uma bela viagem,
sem ela jamais te terias posto
na estrada: o que mais esperas para ti?

E se a encontrares pobre, não por isto Ítaca te desiludirá.
Agora sábio, com toda a experiência acumulada
tu terás já entendido o que Ítaca quer dizer.

Introdução

Apresenta a síntese de todo
o percurso, que será depois ilustrado
nos oito capítulos seguintes.

Uma viagem simbólica e criativa com o casal em três etapas e oito fases, vistas das margens do *Rio do Arco-íris*

É a proposta de uma *viagem simbólica* porque utiliza prevalentemente os símbolos na conversa terapêutica; os próprios símbolos são usados para desenhar e narrar, para se conhecer e se fazer reconhecer nas próprias belezas.

É a proposta de um modelo de trabalho terapêutico no qual a conversação através do *desenho* e das palavras para descrevê-lo tem um grande relevo. A escolha é exatamente a da linguagem analógica porque ela tem a vantagem de *evocar* sem explicar, de *representar* até mesmo o indizível, e de *suscitar* emoções e maravilha.

Além das formas, as *cores* também são símbolos, e gosto de imaginar esta viagem, movimentada e colorida, que flui nas águas no *Rio do Arco-Íris*, pensando nas sete cores como se fossem as sete fases que qualquer projeto deve metaforicamente atravessar para ser cumprido e chegar à sua realização,[2] com o primeiro estágio, que representa a urgência do nascimento de um evento e o oitavo estágio, que representa a realização do projeto, a soma de todas as cores, a festa, o arco-íris.

O **violeta** é a primeira cor da faixa do arco-íris, como que a nos indicar a urgência do nascer: o desabrochar da paixão, com o amor nas suas origens, com todo o impulso energético necessário para que algo venha à luz e se faça visível.

[2] Marletta L., *L'interpretazione dei colori*, Editrice Urano, Milano, 1976.

O **azul-marinho** é a cor da noite, do silêncio, da pausa, útil para pensar, projetar, sonhar.

O **azul** é a cor do alvorecer e do céu, com as primeiras luzes que iluminam um caminho, como a colocar-se entre o visível e o invisível, entre o certo e o incerto, nada de definido e claro.

O **verde** é a primeira cor do dia, é a cor que a natureza nos indica como símbolo do crescimento, e portanto da autoafirmação, que facilmente pode se tornar a luta do *Eu* contra o *Você* para a supremacia da própria individualidade em relação ao outro.

O **amarelo** é a cor da escolha, *do cuidado*, do caminho para ir na direção do encontro.

O **laranja** é a cor da maturação, portanto, da procura do *Nós* a ser cultivado.

O **vermelho** é a cor da realização de qualquer projeto, é o ponto de partida da nossa viagem amorosa, com a descoberta e a alegria profunda da intimidade e do prazer.

É como se o **arco-íris** nos levasse à realização de todos esses estágios, com a maturação e o crescimento pessoal, graças aos encontros com nós mesmos e com os outros, repletos de consciência e gratidão.

É um percurso cheio de *símbolos* da água: a nascente, a torrente, o rio, a cascata e também a ponte, as estrelas, a árvore e o jardim... Estes e outros símbolos são usados como instrumentos privilegiados na conversa terapêutica, para facilitar a experiência criativa da pessoa e, portanto, transformativa, que tem o objetivo de tomar conta de si e do parceiro através do conhecimento das imagens próprias e alheias, vistas como as reveladoras mais fiéis do nosso e do outro Eu.

A ativação do olhar para os símbolos tem também o objetivo de provocar a transformação da conversação, do plano da realidade, frequentemente litigioso e cansativo, ao plano simbólico, profundo e leve; é para aqueles que amam – seja a psicologia ou a poesia.

É uma *viagem criativa* e, sendo assim, gosto de imaginar a vida do casal como se fosse um ser vivo, que tem um *nascimento*, um *crescimento* e atravessa diversas fases e supera muitas provas para chegar a ser *a cura*.

O amor é *a* cura por excelência, a ser exercida no casal mas também em todos os nossos encontros, os do cotidiano e os da vida. Todos nós queremos ser amados. Todos nós temos a capacidade de amar. Este é o meu projeto de tratamento: despertar a nossa capacidade e o desejo de demonstrar amor.

É a proposta de uma VIAGEM EM TRÊS ETAPAS e oito fases, para enfrentar a viagem do amor que nasce-cresce-cura, utilizando o movimento simbólico do rio, das fábulas e das histórias de amor: *"era uma vez... e então... e no fim..."*.

Agora a evolução do relacionamento do CASAL é conectada à evolução da CRIANÇA, desde o nascimento até o crescimento, para procurar, em ambas, a realidade, a evolução e as transformações contínuas.

Na primeira etapa buscamos o NASCIMENTO do casal.

O ***desabrochar*** da paixão, a nascente da vida amorosa; no Éden, o encontro consigo e com o outro repleto de promessas.

A *criança,* nesta primeira fase da sua vida (do segundo ao quarto mês de vida, aproximadamente) se comporta e age como se ela e a mãe fossem uma espécie de unidade onipotente, confinada no mesmo limite.

Na segunda etapa buscamos o CRESCIMENTO do casal, com todas as crises encaradas como revelações de necessidades sempre novas no indivíduo e no casal, acolhidas como se fossem os melhores guias da própria viagem amorosa. Como reconhecer a crise como pedido de ajuda, como denúncia de novas necessidades de crescimento daquele indivíduo e daquele casal?

A **queda** da ilusão à desilusão, o primeiro afastamento do Eu do Você. Cada parceiro inicia a se voltar para si mesmo, para as próprias necessidades, para a própria individualidade.

Na *criança,* prossegue a fase de "separação-individualização" (quinto mês – três anos aproximadamente). Com a "separação" ela se vê pouco a pouco separada da mãe e com a "individualização" começa a se perceber com as suas próprias características individuais e suas conquistas autônomas.

A **pausa** do correr das águas, o tempo que quase para, os parceiros decidindo entre obedecer ao pai ou a si mesmos, a quem serem fiéis, se ir adiante ou voltar atrás.

Na *criança,* essa evolução prossegue até chegar o momento em que ela se vê separada da mãe, chora quando ela se afasta e começará a substituir essa ausência por uma presença representada pelos famosos "objetos transicionais",[3] uma coberta ou um boneco que ela escolhe para se consolar (e se torna a famosa "mãe-portátil").

A **cólera** das águas que se chocam, simbolizando no casal as raivas do passado e as guerras do presente.

A criança, que foi capaz de organizar as suas estratégias para superar as dificuldades com o afastamento da mãe, tem, mesmo assim, necessidade de acumular experiências para ter a coragem de enfrentar dificuldades sempre novas e para não se sentir abandonada.[4]

Na terceira etapa buscamos a CURA do casal, com propostas que dirigidas a encontrar a si mesmo para não projetar no outro as próprias faltas e as raivas antigas, para chegar a imaginar o casal, cada casal com o qual venhamos a nos encontrar, como lugar de tratamento de si e do outro. Freud, no início (mas também outros autores, a seguir) nos sugerem o casal como a forma mais difusa e eficaz de psicoterapia existente, uma oportunidade preciosa de crescimento individual no interior da qual, revezando-se, cada parceiro pode ser o curador e o curado.[5]

A **escolha** da *ponte* para os encontros, reconhecendo o Eu para acolher o Você.

A *proposta* é iniciar a construir as pontes, consideradas símbolos de ligações e contatos, entre nós e as pessoas queridas e entre uma fase e outra da nossa vida.

O **crescimento** de raízes e folhagens na água, construindo a árvore para cultivar a diversidade em direção ao Nós.

A *proposta* é pôr-se a desenhar a própria *árvore* para descobrir raízes ou galhos, à procura das próprias qualidades únicas, belas e especiais, reconhecendo todas para que sejam apreciadas e poder apreciar as qualidades dele/dela.

O **abandono** no silêncio das águas, no prazer da intimidade e da bondade.

A *proposta* é redesenharem juntos a árvore do casal, para poderem realizar o encontro que se dá no *tronco*, com gestos coloridos pensados com o objetivo de dar e de receber.

[3] Winnicott D.W., (1971), *Gioco e Realtà*, tr.it. Armando, Roma, 1974.

[4] Bowlby J., *Una base sicura*, Cortina, Milano, 1989.

[5] Whitaker C.A., *Danzando con la famiglia*, Astrolabio, Roma, 1989.

Cuidarmos de nós para cuidarmos do outro.

A **subida** ao topo da cascata, renovando promessas, projetos e sonhos.

A *proposta* é de desenhar o próprio *monte* para representar e reconhecer as próprias aspirações, os próprios projetos, os próprios sonhos.

E com a oitava pausa chegamos ao fim deste *Per-Curso* de Formação,[6] que é reservado e aconselhado aos profissionais da saúde e a todos aqueles que se ocupam de Mediação Familiar, de Aconselhamento e de Psicoterapia nas suas várias especializações teóricas.

Três etapas e oito fases

Elaboradas para *preparar* a nossa viagem amorosa, para convidar as pessoas a seguirem com o objetivo não apenas de *pedir* amor mas de demonstrar amor, de *dar* amor, de poder dizer: eu amo... eu penso... eu faço feliz..., depois de terem feito a escolha de amarem a si mesmas, isto é, de cuidarem de todas as próprias qualidades, do próprio valor, das próprias belezas.

"O homem atinge a sua unidade, torna-se integrado, calmo, fértil e feliz apenas no momento em que o processo de individualização está completo, ou seja, quando o consciente e o inconsciente aprenderam a viver reciprocamente em paz e a completarem-se um ao outro."[7]

Este é *o primeiro casal do qual devemos cuidar*: a relação entre o nosso mundo interior e o nosso mundo exterior, para chegar a ele, a ela, a eles, e também graças a ele, a ela, a eles: *integrados, calmos e felizes.*

EM CADA CAPÍTULO estarão presentes CINCO SEÇÕES, que poderão ser lidas também em sentido horizontal, indo de capítulo a capítulo seguindo a seção das ideias ou das práticas, das artes ou da literatura.

6 O Curso "*Un percorso creativo con la coppia in otto soste*" que ministrei em 2011, junto ao CENTRO PANTA REI em Milão, na *Scuola di Psicoterapia a orientamento sistemico e Socio-Costruzionista*, fundada e dirigida pelo Dr. Antonio Caruso, psicólogo, psicoterapeuta e docente.

7 Jung C.G.,(1967) *L'uomo e i suoi simboli*, TEADUE, Milano, 1991, pag XI da Introdução.

As *seções,* a serem vistas como pausas úteis para colocar em movimento ideias e emoções, oferecem um modo de fazer psicologia com os olhos, com os sentidos e com as experiências práticas, além daquelas dos livros.

1. IDEIAS PARA A VIAGEM (CHUVA DE IDEIAS): uma breve introdução, em cada capítulo, do tema correspondente ao título, a partir da *paixão* até chegar ao final com o *abandono*, visando apresentar as ideias, através das quais propor depois as práticas. Ideias para "dar margens" ao improviso no sentido de deixar que ativem livres associações com a própria história.

2A. IDEIAS PARA COLOCAR EM PRÁTICA (E SENTIR), com a descrição da proposta terapêutica e os desenhos relativos aos exercícios do grupo em formação:

2B. AS FORMAS E AS CORES DOS COLEGAS PRESENTES: os desenhos dos participantes.

3. A VOZ NARRADORA (PARA OUVIR) é a narração de uma participante do Curso de Formação[8] que nos fala do *encontro*: ela nos presenteia com o seu olhar e com a sua escrita para nos levar para dentro da sala de formação, sendo ela a mensageira das trocas intensas que acontecem ali, testemunhando que ao viajar podem-se perder velhas certezas mas podem-se também encontrar novas belezas.

4. A PAUSA NA ARTE (PARA VER), a pintura, a poesia, a canção, a fotografia..., cada forma de arte, sabe-se, possui algo de mágico, como o amor.

5. O ENCONTRO COM A CULTURA (PARA CHEIRAR) com a descrição, em síntese, de alguns temas tratados pelos principais autores pertencentes a diversos modelos teóricos; um assunto escolhido para cada capítulo.

Proponho ideias para ver, cheirar, intuir e ligar, uma *viagem nos sentidos*, útil para *dar sentido* à própria história.

[8] Dra. Cinzia Morselli, consultora pedagógica com especialização filosófica, consultora de jornalismo.

Ideias para poder *ver* melhor o que ajuda as pessoas e os casais em certas condições de dificuldade, e como os processos de crescimento do ciclo vital se bloqueiam e como são recolocados em movimento.

No fim do livro haverá um capítulo que contém algumas histórias clínicas, nascidas dentro deste e de sucessivos Cursos de Formação:

OS CASAIS NOS CONTAM TUDO, histórias desenhadas e vistas, portanto, por muitos olhos, todos em busca das melhores maneiras para, através das cores e das formas sempre personalizadas, dar vida, forma e cor a *histórias* personalizadas, escolhas e novas escolhas, reconhecidas como *boas*, ou seja, reconhecidas como *próprias*.

> *"Compor uma vida significa reimaginar continuamente o futuro e reinterpretar continuamente o passado para dar um significado ao presente".*
>
> M. C. Bateson

PRIMEIRA ETAPA
O NASCIMENTO DO CASAL

Capítulo 1 – Primeira fase

O ***desabrochar*** da paixão,
a nascente da vida amorosa
no Éden repleto de promessas

1. IDEIAS PARA A VIAGEM (CHUVA DE IDEIAS):

A água é como ventre materno da nossa espécie e de cada um de nós. O milagre das águas uterinas se renova a cada gravidez: cada um de nós provém das águas, daquele líquido amniótico benéfico e protetor. O feto o absorve através da pele nas primeiras quatorze semanas de gestação, depois o bebe e o filtra através dos rins: o líquido se renova a cada três horas, em um fluir contínuo como uma torrente de montanha. As águas uterinas protegem os órgãos da mãe dos movimentos da criança, em uma dança aquática entre dois seres que estão se conhecendo reciprocamente.

"Depois o Senhor Deus plantou um jardin no Éden, no oriente (...). Um rio saía do Éden para irrigar o jardim."[9]

Visto que partimos das origens do casal e da vida da criança, com o nascimento de relacionamentos tão importantes, é fácil para mim fazer referência à Bíblia para recordar seja o jardim do Éden com a criança e sua mãe, seja o jardim do Éden de dois apaixonados: o que têm em comum esses dois relacionamentos?

Têm em comum a *confiança original*. Ambos os relacionamentos são caracterizados por uma *confiança total*: essa é a segurança e a maravilha do Éden. E como é expressa e tornada visível essa confiança total? Com o abraço, com o *abandonar-se* a alguém, ao qual é dado um poder total, nas

[9] Gênesis, 2, 8-10

suas mãos é depositado o próprio destino; o abraço amoroso é como uma reedição do primeiro *abraço* da criança aninhada sobre a sua mãe. Klimt é o pintor que melhor representou esta cena primária do abraço,[10] como se nos mostrasse a origem da *felicidade* humana que é sermos acolhidos, amados e protegidos, como se fosse uma herança e uma promessa. Como se encontrar a felicidade significasse simplesmente despertar a recordação da felicidade passada, ou criar um novo aprendizado, se acreditamos não ter tido esta sorte inicial. A felicidade pode ser recordada ou pode ser criada, em todo caso é algo *a ser desejado.*

O amor é a única magia através da qual buscamos reevocar no novo casal aquilo que aconteceu na infância ou procuramos atingir o que não foi realizado na nossa infância.

O *"nascimento psicológico"* é um processo cujas etapas fundamentais se desenvolvem nos primeiros três anos de vida, mas que depois prosseguem ainda além disso.[11]

Transcorrido o primeiro mês de vida, no qual a criança vive uma fase de reclusão em relação ao mundo exterior, entra-se na fase chamada "simbiótica", que dura até o quarto mês aproximadamente.

O *nascimento do casal* se abre com a fase da paixão, da fusão entre um e outro, na qual os dois parceiros se sentem inexplicavelmente atraídos e arrebatados, seja do ponto de vista físico e sexual, seja do ponto de vista emotivo e intelectual. Os dois parceiros se sentem inseparáveis, infalíveis, perfeitos.

É como a promessa de uma viagem na qual levamos nossas bagagens cheias com a nossa história pessoal e familiar e temos à disposição toda a viagem para compreender a escolha do parceiro: é de fato o nosso inconsciente a escolher!

É uma viagem cheia de encontros, com o outro e com nós mesmos. O amor tem qualquer coisa de mágico, como a arte e a poesia.

Haveria portanto dinâmicas inconscientes que tornam extraordinário o que é comum, na paixão assim como na arte.

[10] Gustav Klimt (1862-1918), *As três idades da mulher*, 1905, Galleria nazionale d'Arte moderna, Roma.

[11] Malher M., Pine F., Bergman A., *La nascita psicologica del bambino*, Bollati Boringhieri, Torino, 1978.

A área das ilusões une o casal, os parceiros se procuram e se encontram um ao outro, em um clima de confiança total e de troca recíproca da capacidade de brincar.

2A. IDEIAS PARA COLOCAR EM PRÁTICA (E SENTIR)

O objetivo deste Exercício é iniciar, com o casal que vem até nós, uma conversa terapêutica que possa ir rumo a aumentar o conhecimento de si e do outro e da consciência das próprias escolhas.

a. Reevocação do PASSADO:

Com a primeira série de perguntas, a intenção é poder revisitar o *nascimento* do casal que temos diante de nós, para despertar recordações, emoções e pensamentos que frequentemente ficaram adormecidos, e que podem, então, se tornar os motivos das brigas e das acusações recíprocas, se não forem reconhecidos.

1. O que atraiu vocês no seu companheiro/na sua companheira no início do relacionamento?
2. Quais foram as qualidades, as belezas e as unicidades tais para considerar aquela pessoa especial?
3. Quais objetos foram significativos no início da sua viagem juntos? (Livros, filmes, canções, comida... etc.)
4. Quais jogos/atividades os atraíam, que pudessem simbolizar o seu relacionamento?
5. Quais lugares foram teatro do seu relacionamento e trouxeram sentido a ele?

b. Representação do PRESENTE:

Com a segunda proposta, pretendo ilustrar, no sentido exato de trazer à luz, as imagens de si e do outro que cada parceiro tem dentro de si, para ativar um conhecimento seja intrapsíquico, seja interpessoal, profundo e alegre.

O pedido é convidar os parceiros:

1. a DESENHAR na sua folha uma moldura, que serve como recipiente, como sala íntima, dentro da qual imaginar depois OS PRÓPRIOS SÍMBOLOS: um símbolo para representar a si mesmo e outro para representar o parceiro.

2. Terminada a criação da própria obra, o desenho deve ser observado, como que a procurar inspirações, emoções e ideias úteis para FAZER AQUELES SÍMBOLOS FALAREM.

   É como se tais símbolos tomassem forma e vida assim que se tornam visíveis sobre o papel; desta forma, alguns pontos de partida úteis para favorecer a narrativa poderiam ser, por exemplo: *"Se estas imagens pudessem falar o que diriam?" "Se quisessem escrever uma carta um ao outro: Querido... Querida..., faz tanto tempo que..."*

3. Terminada a fase individual de criação, observação e conversa com os próprios símbolos, passa-se à fase social, na qual os dois parceiros mostram e explicam um ao outro as suas imagens. Mesmo quando o casal se encontra em uma fase conflituosa, diante das imagens se deixa encantar e narrar, como se entrasse em uma outra dimensão ou em uma outra história.

2B. AS FORMAS E AS CORES DOS COLEGAS PRESENTES

3. A VOZ NARRADORA (PARA OUVIR)

Agora introduzo, como já havia antecipado, uma série de narrativas escritas por uma participante do Curso de Formação, no fim de cada lição.[12]

Para convidar o leitor a entrar na sala de formação (que nós denominamos a sala da respiração) de modo discreto, é ela quem decide quando abrir a porta, e é o leitor quem decide como entrar e o quanto se deixar emocionar ou tocar pelas palavras, que servem para chamar a atenção e despertar um pouco da própria história amorosa.

Esta é uma história.

Só pelo fato de que alguém a narre, uma experiência se torna uma história. A história muda a cada vez que é contada, porque no momento da narração o passado dos fatos se entrelaça ao presente da narrativa e ao futuro que virá. Cada etapa do percurso foi narrada no momento em que aconteceu, a cada vez. Agora é o momento de narrá-la de novo. Todas as histórias têm um título porque assim é mais fácil falar delas.

Esta, que é a história de uma viagem, se intitula *Desenhando o amor que nasce, cresce e cura.*

Existem personagens: pintores e pintoras de quadros de vida encantados. Existe quem guie e sabiamente acompanhe, quem celebre o ritual e vigie para que a magia, que não precisa de fórmulas, aconteça.

Existe a ação: o desenho de amores passados e futuros, profecias de um tempo ainda por vir e mosaicos de memória.

Existem os capítulo nos quais é dividida a história: um sumário para consultar e um roteiro para seguir, a fim de que não se perca o rumo. Cada estação é uma cor, uma emoção, um exercício para aprender sobre o casal e fazê-lo de novo florescer.

É um trabalho a se experimentar para aprender a criar ocasiões de encontro e de cura: aprender, através da experiência, o poder de cura das imagens.

É servir de cobaia para o próprio desejo de aprender. Experimentar, na sua experiência, a transformação no processo alquimístico que mistura

[12] Dra. Cinzia Morselli, consultora pedagógica com especialização filosófica e consultora de jornalismo.

cores, recordações, imagens, profecias, formas. Só assim pode-se ter esperanças de conduzir outra pessoa pelo caminho da cura: aprendendo a cuidar de si com folhas de papel e lápis coloridos.

O *setting*: o início

24 de janeiro de 2011, segunda-feira.

Ouvi muito falar de Vanna, li os seus livros, visitei o seu site. Hoje a conhecerei pessoalmente: não consigo imaginá-la. No entanto, quando entro na sala a reconheço. Ela está com o olhar no computador, absorta. Acolhe e cumprimenta. O trabalho começa quase imediatamente. Um círculo, eu acho: não lembro, passou-se um pouco de tempo, quase um ano. Nos damos a conhecer dando o nosso nome. Outros rostos: alguns eu reconheço, são companheiros de experiências de estudo recentes. Todos sorriem. As cadeiras apoiadas nas paredes formam um perímetro que conterá as imagens para dar forma à mudança.

O *setting*: dispositivo importante. A sala é bem iluminada: as janelas fechadas dão vista para uma rua muito movimentada de Milão. Agora é janeiro e nem se pensa em abri-las. Um computador, um projetor e uma tela. Cada um dos participantes tem folhas de papel e seu material de pintura: gizes de cera, hidrocores, tintas a óleo, a cera. As roupas são confortáveis: não se deve ter medo de se sujar enquanto se desenha.

Cada sessão começa com o ritual de ingresso, como que para marcar a diferença entre dentro e fora. Agora estamos dentro da sala dos desenhos. Devemos fechar a porta e deixar de fora tudo aquilo que poderia nos perturbar. Devemos encontrar uma respiração calma e procurar a postura da escuta em nós. Aquele estado peculiar de máxima atenção e alerta na calma da contemplação: o movimento que é repouso, no qual todos os sentidos estão atentos à escuta mas sem tensão e nervosismo. Aguardo e desfruto da espera saboreando o ritmo de uma respiração presente e sem esforço. Dentro da sala, dentro de mim. Respiro, e ao fazê-lo é como se eu me respirasse.

É necessário para criar a "zona especial de trabalho".

Tudo se torna importante. Os sons. A atmosfera. O clima. Estou habituada a trabalhar experimentando em mim os efeitos da prática que estudo (a escrita, a filosofia), mas é sempre uma experiência muito envolvente e única. Sempre como se fosse a primeira vez. E é a primeira vez que trabalho com o desenho. Estou curiosa e atenta.

Talvez eu esteja experimentando mesmo o tema do primeiro encontro: *o "desabrochar" da paixão, o encontro consigo mesmo e com o outro repleto de promessas.*

A novidade da relação com os outros do grupo e com este modo de trabalhar: eu, as minhas expectativas, aquilo que estou segura de saber e que não será tão fácil descartar, as solicitações novas, as inspirações inéditas.

O desenho é a parte central da experiência. Não é a busca da perfeição estilística do traço, mas o convite a "pensar de outra forma" (como Ricoeur),[13] por imagens, não por palavras. O estímulo para imaginar símbolos que digam aquilo que não se consegue dizer com palavras. E este não conseguir não é por falta de vontade ou reticência, mas sim pelos limites inevitáveis, vitais por um lado e restritivos por outros, da linguagem. Da palavra escrita ou oral. "Pensar de outra forma" pode permitir "narrar de outra forma" e a história que se conta assim quase sempre surpreende o autor. Porque é inevitavelmente "uma outra história". Uma "bela história", que pode ser retomada e desenvolvida de mil maneiras diversas.

Com palavras seria fácil narrar o encontro, por exemplo. Foi em maio, em um parque, o vestido, os amigos. Simplesmente nomear os protagonistas. Mas desenhar me parece difícil, quase impossível. Símbolos que contenham passado, presente e futuro juntos, que mostrem a história mas também o aqui e o agora do relacionamento que imagino. Síntese e explosão de significados a decidir, a revelar. Não tem a ver com a dificuldade gráfica de traçar o desenho. Trata-se mesmo da dificuldade de pensar a imagem. De pensar por imagens, talvez seja a expressão correta. Como se o pensamento fosse mais fluente em palavras: a consciência analítica que quer explicar as coisas em vez de mostrá-las ou simplesmente aceitá-las. Aceitar a imagem como alguma coisa proveniente de um outro lugar, fora do domínio da razão, sem preconceito. Não é fácil porque não estou

[13] Ricoeur P., *Il simbolo dà a pensare*, Morcelliana, Brescia, 2002.

habituada a essa operação. Transformar o olhar. "O *imaginatio* ou o imaginar é portanto uma atividade física, que se insere no ciclo das transformações materiais que determina e que pelas quais, por sua vez, é determinada [...] *Imaginatio* é, assim, um extrato concentrado de forças vivas, tanto corpóreas quanto psíquicas".[14] A alquimia como processo imaginativo que transforma a imagem em símbolo que se torna destilado de significados, união de opostos, que contém dentro de si o visível e o invisível. Revelação. Manifestação, não por obra da linguagem: a palavra tem o limite de não saber mostrar a latência, o seu oposto. A imagem passa a ser a possibilidade de tornar visível o invisível na pluralidade de significados que contém além de qualquer juízo. Neste sentido, a dimensão do imaginar torna-se também dimensão de cura e Jung já o tinha entendido.

O desenho: são importantes as cores. Eu tinha me preparado pegando os gizes de cera do estojo de Paola, minha filha. Matéria-prima: necessidade original para colocar em ação a imagem. Preciso de traços densos, intensos, que deixem sulcos na folha de papel, para desenhar o meu cartão de visita. Eu e o meu casal.

Caro gato, eu sou o cesto... só para fazer as apresentações.

O cesto é uma surpresa, assim como o gato, que logo entra nele "fazendo a sua caminha": as minhas imagens do casal.

Olho o meu desenho. Olho o meu desenho dentro do desenho dos outros. Olho os desenhos.

Ouço a narração dos desenhos.

Mapa do tesouro, mapa geográfico de rotas para chegar a ilhas que existem, mas que talvez estejam só esquecidas.

Seria talvez esta a harmonia da qual já falava Bateson?

Claro que há movimento: cores que se perseguem nas folhas como as linhas e as faixas emaranhadas.

Do desenho à escrita. O que possui de único e de belo cada símbolo? As palavras, assim como as cores. A responsabilidade pela busca do belo.

Do invisível ao visível.

[14] Jung C.G., *Psicologia e alchimia,* Bollati Boringhieri, 2006, Torino p.271.

4. A PAUSA NA ARTE (DE VER)

Eros e Psique é um grupo de esculturas realizado por Antonio Canova entre 1788 e 1793.

5. O ENCONTRO COM A CULTURA (PARA CHEIRAR)

O casal parece lançar um belo desafio às mais variadas orientações teóricas e psicoterapêuticas, estimulando ideias e propostas que têm interessantes convergências, que são exatamente aquelas que procurarei ilustrar nestas seções de cultura literária, através da escolha de alguns importantes temas, tratados com uma síntese que considero útil para introduzir na matéria o leitor não profissional e cômoda para evocar temas já conhecidos pelo leitor profissional, pontos de partida para *cheirar*, para acolher através dos sentidos e do prazer.

Haverá, portanto, acenos às orientações ligadas ao *modelo psicoanalítico,* que prefere focalizar a exploração no mundo interno do indivíduo e do casal, e menções ao *modelo sistêmico-relacional,* o qual, inspirando-se na teoria dos sistemas, focaliza o próprio interesse nos sistemas interpessoais, fazendo da interação entre as pessoas o momento privilegiado da análise, seja teórica ou prática.

Eu amo manter o olhar sobre o mundo interior e sobre o mundo exterior do ser humano, sobre o inconsciente e o consciente, que sempre, através dos símbolos e das escolhas, se chamam, se procuram e se atraem, e a minha paixão é poder dar vida a essas conexões, para buscar a nossa capacidade de *nos ligarmos*.

A questão da *ligação*, da nossa capacidade de *nos amarmos* e de *amar*, faz parte daqueles sonhos coletivos que sempre intrigaram a psicologia, a filosofia, a literatura, a arte e as pessoas de todo o mundo e de todas as épocas.

É como se *o individualismo* fosse o sintoma da nossa incapacidade de encontrar respostas satisfatórias para o problema da ligação com o outro.

Todos nós reconhecemos uma identidade própria "suficientemente boa", buscando combinar as exigências do mundo interno com as exigências do mundo externo, através dos obstáculos a serem vistos como ensinamentos preciosos, como nos ensinam os *heróis* nos contos de fadas e na vida.

A criatividade é colocar juntas duas coisas que naturalmente não estariam unidas; esses opostos existem em nós, e desafiam a nossa capacidade original de realizar um bom casamento com nós mesmos.

"Eis a experiência *simbólica*, que une e reúne, para deixar a experiência *diabólica* que divide, nos divide dos nossos desejos e das pessoas. É *o encontro* que cada pessoa pode fazer com as suas paixões e os seus amores." (Puviani, 2010)[15]

A identidade original

Se formos às origens da nossa história, que parte exatamente do Gênesis, vemos que Deus cria o ser humano à sua imagem e semelhança: *"à sua imagem Deus o criou: homem e mulher os criou"*.[16] A imagem e a semelhança do homem a Deus consistiria portanto na relação, no relacionamento entre homem e mulher.

Mas a unidade original encontramos também no nascimento do casal mãe-criança e no casal de apaixonados, caracterizado precisamente por uma ligação primordial com o objeto único e exclusivo de fusão total. A fase da paixão é de presunção de semelhança, no sentido da

[15] Puviani V., *Il canto della luna. Quando la psicoterapia si fa poesia*. Armando, Roma, 2010, p. 250,

[16] Gênesis 1,27,

coincidência na satisfação de necessidades e desejos, ou com a atribuição dos próprios sentimentos e necessidades ao outro.[17]

Até mesmo a ideia de uma bissexualidade original remonta às mesmas reflexões; presente no pensamento junguiano existe a concepção de que convivam na mesma pessoa partes simbolicamente consideradas femininas e partes masculinas: o *"Animus"* que representa a parte masculina no interior na personalidade da mulher, e a *"Anima"*, que é a parte feminina dentro do homem.

Portanto, a partir da imagem-sonho-necessidade da unidade original, e da bissexualidade original, vai-se em direção ao impulso criativo da individualização de si, para ativar relações caracterizadas pela troca entre as pessoas e as gerações; esta é a viagem que lhes proponho.

A escolha inconsciente do parceiro

A primeira escolha do parceiro provém do inconsciente e está ligada às próprias experiências individuais e familiares e à relação que ele viveu com os próprios pais.

A hipótese proposta por Freud[18] é a de que o parceiro, além de ser um objeto exterior, teria a função seja de repropor partes de si, seja de reevocar figuras do passado, normalmente o genitor do sexo oposto.

Decorre disso que, em nível inconsciente, começa uma atribuição recíproca de necessidades e sentimentos tais, que é útil que a pessoa tenha à disposição o outro, como um gancho no qual pendurar as próprias projeções.

Entendendo como *projeção* aquela operação através da qual a pessoa afasta de si e localiza no outro (pessoa ou coisa) sentimentos, desejos e qualidades que são seus, mas ele não reconhece ou rejeita em si, precisamente porque são incômodos ou não correspondem à imagem que ele tem de si.

Isso também acontece frequentemente com a criança, que, se repreendida ou acusada de alguma coisa, atribui aos outros a responsabilidade pela própria travessura.

Ou ainda mais vivaz é a sabedoria popular das crianças, que quando se ofendem resolvem a ofensa com um modo de dizer, transmitido através de gerações: *"é você mil vezes"!*.

[17] Dicks H.V., *Il matrimonio collusivo ed i confini del'Ego*, in Cigoli V., *Terapia familiare l'orientamento psicoanalitico,* Franco Angeli, Milano, 1983.

[18] Freud S. (1905), *Tre saggi sulla teoria sessuale*, in *Opere*, vol. 4, Boringhieri, Torino, 1970.

Entretanto, quando um indivíduo usa a projeção como mecanismo de defesa de modo excessivo na idade adulta, especialmente dentro do casal, criam-se atribuições recíprocas de culpa e de defeitos que podem levar a conflitos insolucionáveis e sofrimentos sem fim.

Também para Jung a paixão é caracterizada por esse processo psíquico singular que é a "projeção" que o sujeito efetua na pessoa amada, que assume assim os seus ideais e as suas aspirações. Ele diz que *"a projeção é um processo inconsciente automático, através do qual um conteúdo do qual o sujeito não tem consciência se transfere a um objeto de modo a parecer pertencente ao objeto."*[19]

Especificamente Jung nos mostra a "projeção da sombra" para referir-se a todas aquelas vezes em que atribuímos ao outro aspectos da nossa personalidade, lados obscuros que, se referidos a nós mesmos, não poderíamos aceitar. Projetamos a nossa sombra em quem está próximo, e o parceiro é o alvo mais cômodo.

"Tudo aquilo que nos irrita nos outros pode nos levar à compreensão de nós mesmos".

Por outro lado, "a sombra branca" contém a capacidade, os desejos, os sonhos que não realizamos ainda, que no encontro com o outro despertam, estimulam, movem-se, tornam-se predominantes.

Qualquer personagem que provoque repulsa ou fascínio pode representar a Sombra.

Portanto, temos sempre a possibilidade de *domesticar a sombra*, de reconhecer os pontos obscuros da nossa psique, para desenvolver as nossas capacidades e facilitar o reconhecimento das capacidades do outro, para transformar os encontros com nós mesmos (aos quais faltamos) em encontros felizes com o outro.

"Tudo aquilo que nos irrita nos outros pode
nos levar à compreensão de nós mesmos"
C. G. Jung

[19] Jung C.G., *Opere*, volume IX /1, p. 62.

SEGUNDA ETAPA

O CRESCIMENTO DO CASAL

Capítulo 2 – Segunda fase

A *"queda"* da água no vale: o primeiro distanciamento entre o *Eu* e o *Você*

1. IDEIAS PARA A VIAGEM (CHUVA DE IDEIAS):

"Descendo pelas montanhas, insinuando-se pelos vales, perdendo-se nos lagos e nos mares, o rio é o símbolo da existência humana e do seu fluir".[20]

Dizia Heráclito: *"Não se pode entrar duas vezes no mesmo rio e não se pode tocar duas vezes uma substância transitória no mesmo estado; por causa da impetuosidade e da velocidade da transmutação, ela avança e retrocede, vem e vai"*, fórmula que Platão utiliza para dizer que *"ninguém pode banhar-se duas vezes no mesmo rio"*.

A *queda* das alturas da paixão: *desilusão* catastrófica ou uma natural perda das ilusões?

Se a primeira fase da *paixão* funcionou e nutriu os dois parceiros, ela tem como resultado natural a passagem para a segunda fase, que é chamada precisamente de *amor.*

E então o casal encontra um novo panorama: a sua primeira ocasião verdadeira de *crescimento*, na qual cada um dos parceiros inicia a voltar-se para si mesmo com as próprias necessidades e a própria individualidade, com o confronto das diferenças recíprocas, com os defeitos, além das qualidades, com a necessidade de redefinir novos limites. Está prestes a começar a percorrer o caminho da *individualização*, processo através do qual, recuperando a própria individualidade, ele pode se transformar em

[20] Chevalier J., Gheerbrant A., *Dizionario dei simboli. Miti, sogni, costumi, gesti, forme, figure, colori, numeri*, vol. II, trad. it., Milano, 1994, pp. 452-453.

uma personalidade original e única, onde cada indivíduo é o testemunho de si mesmo. A sua unicidade é o resultado de experiências ligadas aos seus *desejos* e às suas *escolhas*.

Nesta fase, ele se encontra diante de uma encruzilhada importante: olhar para o passado com saudade dos pais ou apaixonar-se no presente, com a inquietação de ir, como um casal, em direção ao futuro?

É um processo paralelo àquele da criança na fase de desenvolvimento que vai do quinto mês até os três anos, aproximadamente. A criança, que se inebriou e nutriu na fase simbiótica, pode evoluir no crescimento psicológico através da *"separação-individualização"*: com a *"separação"* a criança se vê, pouco a pouco, separada da mãe e com a *"individualização"* começa a se perceber com suas próprias características individuais e suas conquistas autônomas.

Essa fase, com os novos ritmos *do cotidiano*, deve ser vista como uma passagem necessária para o casal sair da fusão e entrar, cada um, nas suas próprias individualidades, o *Eu* e o *Você*, para se conhecer e se deixar conhecer.

Depois do NASCIMENTO do amor, que vimos na primeira fase da euforia da fusão, segue agora a primeira ocasião para o CRESCIMENTO do amor através da individualização e o crescimento dos dois indivíduos, que podem assim construir o *Nós* do casal.

Quais são os cuidados úteis para ir rumo ao *crescimento*?

Vimos que a criança inventa o seu "objeto transicional": é o primeiro uso que ela faz do símbolo e a sua primeira experiência de jogo para "curar" uma ausência importante: substituir a mãe física pela chamada "mãe portátil".

Paralelamente, como o casal pode utilizar este *espaço potencial* que se criou entre os dois parceiros, para curar os vazios preenchidos antes da presença fundente do outro?

Eis aqui duas propostas criativas.

A PRIMEIRA PROPOSTA é prosseguir ou descobrir as próprias paixões e a própria capacidade de *brincar*, em nível individual e do casal: um espaço para criar juntos a relação, para cultivar um comportamento brincalhão e passional. *Brincar* é uma possibilidade única de ser criativo, isto é, de transformar o cotidiano, recriando-o e adaptando-o a si, é a capacidade de rir de si mesmo e do outro.

O cuidar da vida cotidiana pode se tornar uma brincadeira, se os gestos aborrecidos são transformados em rituais de cura, quando se dá um significado personalizado às ações do cotidiano.

A SEGUNDA PROPOSTA é considerar, reconhecer e fazer nascer o *terceiro* do casal, ou seja, o *Nós*, que nasce da soma do *Eu* e do *Você*. É aquele modelo único, específico, original, que pertence a cada casal.

É aquele *Nós* que responde à exigência de pertencer a alguém, à necessidade de estar presente na mente de uma pessoa que consideramos importante, com o prazer de saber que alguém pensa em você, o que dá segurança e proteção.

Esse *terceiro* não é visível nem verbalizável, e se representa e se reconhece somente através de símbolos.

Esse *terceiro* é o verdadeiro recurso autoterapêutico do casal a ser reconhecido e reativado.

De que modo?

2A. IDEIAS PARA COLOCAR EM PRÁTICA (E SENTIR)

COM A PRIMEIRA PROPOSTA

1. Propõe-se ao casal ou à família o "jogo noturno", meia hora de jogo a cada noite, onde um de cada vez propõe o próprio jogo aos outros, com a tarefa de divertir a própria família.

COM A SEGUNDA PROPOSTA

1. Pede-se aos dois parceiros que *desenhem* um *símbolo* que represente *o próprio modelo único, belo e especial de casal*, para que ocupe um lugar no papel e na mente, individual e do casal, de modo que se torne visível, narrável e assim reconhecível pelos dois autores.
2. O próprio *modelo de casal* se torna uma criação artística, uma obra de arte, ao qual é dado um título pelos parceiros, que assume um nome e adquire assim uma identidade. É como se o indefinido do caos e do não saber pudesse se transformar em um pedido, através da escolha de um símbolo.

2B. AS FORMAS E AS CORES DOS COLEGAS PRESENTES

3. A VOZ NARRADORA (PARA OUVIR)

Segundo encontro: cair no cotidiano, sem se machucar e ainda continuar a ter vontade de brincar, talvez juntos.

A cor é o azul-marinho. Intenso, como o céu à noite, nítido como um mar no verão: juntos.

“Voar no azul pintado de azul, feliz por estar lá em cima. [...] No azul dos teus olhos azuis, feliz estar aqui em baixo”.[21] Isso é cair sem se machucar, eu acho.

E pegar nas mãos os lápis de cor, preparando-se para o desenho, é reencontrar a vontade de brincar. Apreciar com os olhos o sabor das cores: é um prazer lento e raro. Habitualmente, escrevo em preto e branco: a caneta e o papel. Mas, agora, a escrita se torna imagem e aumentam as possibilidades, as escolhas. Inclusive aquela de não dizer nada e traçar

[21] N. do T.: no original: “Volare nel blu dipinto di blu, felice di stare di lassù. [...] Nel blu degli occhi tuoi blu, felice di stare quaggiù. Versos da canção “Nel blu dipinto di blu”, de Domenico Modugno.

sobre a folha o traço da minha emoção de agora. Gesto, apenas gesto, que simplesmente fala de mim na cor que define o meu movimento.

Sentada no chão com a folha de papel e os lápis à minha frente: reencontrar a vontade de brincar.

Repetimos o ritual de buscar a respiração mais calma, que diga a verdade sobre nós. Agradável hábito, que anuncia o trabalho: o meu "modelo único, belo e especial" de casal.

Desenhar o casal torna-se o gesto concreto de uma mão que age antes mesmo de sentir o pensamento, que dá forma sem usar as palavras. A surpresa. Algo que é seu, que você encontra mas que deve reconhecer. Uma imagem infantil. A terapia lúdica na caixa de areia.

Desenhar, ter ideias, dar forma à ideia. E sobre o papel algo de mim se recompõe. É estranho, me parece que quase tenho que fazer amizade com os sinais traçados. O gesto é de carícia. É este o movimento que vou fazendo. Sutil impressão de lápis de cera que permanece. Estou dando forma ao meu casal. Estou mostrando aos outros o meu ideal de casal, como mostramos aos amigos as fotos da viagem de lua de mel. É como definir a identidade de um nós (eu e meu marido) e traçar as diferenças com o resto do mundo. O símbolo duplo do casal dentro de uma moldura que o separe do resto. As fotos mais bonitas também são emolduradas para recordar algo que aconteceu. Nomear também serve para diferenciar: *nuances* é o título do meu desenho. Não podia ser de outra forma. E saboreio ainda o leve cuidado com que pousei o lápis de cera no papel. O fundo é de um azul-marinho apenas insinuado e a moldura é de um azul um pouco mais forte. *"No azul pintado de azul"*,[22] só agora me dou conta. E olhando o meu desenho de mar e de céu falo de mim e do meu marido, calando os detalhes de um cotidiano insidioso e precioso.

O cotidiano: desilusão? É melhor usar perda das ilusões. O risco é de permanecermos presos no tédio de sempre, de dias iguais.

O remédio: a brincadeira, a ironia, as paixões. A minha paixão. A paixão pelo conhecimento: a filosofia.

Extraído do diário redigido após a experiência:

[22] N. do T.: no original: "Nel blu dipinto di blu".

Na minha opinião, é importante, talvez um pouco entediante (não para mim), mas importante: como unir harmoniosamente (Bateson também gosta dessa palavra) a vida cotidiana (a única que vivemos, para todos os efeitos) e a consciência filosófica? Porque me parece que aquilo que procuramos fazer com Vanna seja exatamente isso: aprender a agir com a "consciência filosófica". Que não é uma coisa para professores, e não se faz na universidade. E não é nem ao menos uma definição excludente. É também um modo para expressar a cura. É uma forma de ver o mundo. E me parece incrivelmente concreto. É só uma dentre as tantas maneiras possíveis de dizer as coisas, mas é o modo certo para mim. A "consciência filosófica" poderia ser a ciência e a disponibilidade de estar com aquilo que se tem, aberto à escuta da vida? Na minha opinião, sim, mas é apenas a minha experiência e não uma resposta definitiva.

É um problema de linguagem: filosofia como amor, como espiritual, são palavras terrivelmente potentes. Carregadas de conotação. Difíceis de serem usadas. Filosofia por exemplo faz vir à mente os filósofos, antes de mais nada, e livros empoeirados em salas na penumbra, fora da vida. Por anos, para mim, a filosofia foi isso: alguma coisa de fascinante mas repelente. Depois, um encontro: um nome e um rosto e a filosofia tornou-se, para mim, possibilidade. A filosofia tornou-se cura.

Estamos "praticando" para aprendermos a cuidar da nossa vida: se você aprende isso, pode até mesmo ter esperanças de ensinar tal coisa. Sem presunção e sabendo que é uma empresa que dura a vida toda. Fazer exercício. Preparar o ritual. É uma coisa importante. As regras. O jogo. Tornar especial. Olhar para a unicidade. Pode-se dizer até sagrado, se a palavra (de certa forma) não incutisse tanto temor. Celebrar. Iluminar com atenção.

4. A PAUSA NA ARTE (DE VER)

Com a ajuda de algumas imagens de Vermeer *iluminaremos* os gestos cotidianos e os objetos do cotidiano – *iluminar* no sentido de ter consciência e sensibilidade.

Jan Vermeer é um pintor do século XVII, que pinta as *ações cotidianas*: uma mulher que borda, uma que costura, uma que derrama o leite, uma que escreve uma carta...

Ele retrata essas ações e as ilumina. A sua arte: iluminar as ações cotidianas. Como se houvesse uma luz interna que inunda as ações cotidianas, como se ali estivesse o centro do universo, da vida, onde nós não estamos nunca.

Iluminando os gestos cotidianos, cada gesto nos leva à *casa da eternidade.*

O convite que ele nos faz: eu devo estar e *permanecer* ali. Não devo corrigir nada, porque dentro eu estou bordando, estou lendo...

Permanecendo nas coisas que fazemos, a luz preencherá as nossas ações, os nossos gestos.

5. O ENCONTRO COM A CULTURA (PARA CHEIRAR)

A escolha consciente do parceiro

Na primeira fase vimos que a paixão constitui, para ambos, uma bênção, faz com que os dois se sintam unidos no interior de uma relação íntima, permite a cada um deles satisfazer as próprias necessidades, conscientes e inconscientes, e de superar todas as dificuldades. *"Serei como você me quer..."*

Mas... com o passar do tempo, é o cotidiano a revelar os limites daquela relação a dois e *à ilusão* se segue *a perda das ilusões,* frequentemente vivida como *desilusão. "Você não é mais a pessoa que eu conheci..."* O outro não é mais assim tão perfeito como parecia, à euforia sucedem-se o tédio e o peso do cotidiano, e o parceiro não se sente mais compreendido instantaneamente, como no início.

Esta segunda fase, de desilusão, pode representar o fim do relacionamento ou um salto no crescimento, rumo a escolher e aceitar o outro como indivíduo autônomo, isto é, à parte, e não em função das próprias necessidades e das próprias expectativas.

A perda das ilusões permite a passagem da *paixão* ao *amor: "eu o escolho como você é, e não como queria que você fosse".*

"Se as pessoas chegaram com um resultado positivo ao seu desenvolvimento individual, estão em condições de passar de uma relação baseada na satisfação das próprias necessidades narcisísticas a um relacionamento fundado no compartilhamento e na empatia, na cooperação e na compreensão, e não apenas na livre expressão da própria personalidade."(SANTONA *et al.*, 2007).[23]

A escolha consciente do "nós" do casal

Se nós dermos uma olhada para o casal, visto como um sistema, podemos ir além da perspectiva individual, segundo a qual "um mais um são dois" para escolher a perspectiva sistêmica, segundo a qual a relação em si é uma protagonista ativa e, portanto,*"um mais um são três"*. Desta forma, o casal é um sistema que é mais do que a soma dos *dois* parceiros; ele é formado por três elementos: o *eu,* o *você* e o *nós*. Um quadro que representa a soma dos seus componentes mais o modo através do qual os seus componentes agem entre eles. É esse *mais*, que é representado por aquelas relações únicas, que seria a *alma* daquele casal.

Foi Philippe Caillé,[24] terapeuta sistêmico, quem teorizou e desenvolveu a existência, no casal, dessa dimensão secreta e "mítica" que com frequência está fora do controle dos dois parceiros, e que ele chama "terceiro excluído" ou "absoluto do casal"; por isso, o conselho que dá ao terapeuta é de "reincluir" esta dimensão no trabalho terapêutico, para que esse seja eficaz e transformador.

Esse "absoluto" corresponde à "representação compartilhada que os dois parceiros têm do seu casal e sobre a qual se estrutura o seu sen-

[23] Santona A., Zavattini G.C., *La relazione di coppia,* Borla, Roma, 2007, p. 22.

[24] Caillé P., *Uno e uno fanno tre. Quale psicoterapia per la coppia di oggi.* Armando Editore, Roma, 2007.

timento de pertencimento: modelo fundador do casal, portanto, sobre o qual se instaura o *pacto do casal.*"[25]

Os problemas nascem, segundo Caillé, quando o casal parece perder o contato com o seu "terceiro" relacional, que representa a história do casal que se constrói, uma espécie de "caixa preta" na qual são registrados os movimentos que dão vida e sentido ao casal. Sem esse "nós", eles seriam estranhos um para o outro.

"Poder-se-á, legitimamente, considerar o absoluto do casal como o produto de um pensamento que tende a organizar o mundo. Ele representa uma conquista cognitiva: ali onde não havia nada ainda, dois indivíduos viram um casal e, chegando a vê-lo, criaram-no. Por que não falar, também, em sentido mais amplo, de criação artística? (...) O absoluto do casal é, por natureza, obra de arte e não objeto de utilidade (...). O absoluto é algo que se possui, que goza de uma coerência interior..."[26]

Eis porque esse *"terceiro"*, que pode ser considerado como o *recurso terapêutico* por excelência, deve ser explorado através do desenho, do símbolo, da metáfora, da escultura ou de outras modalidades análogas, para ativar os recursos criativos e autoterapêuticos do casal.

A tarefa do psicoterapeuta é abrir um espaço na conversa para esse "terceiro protagonista" da relação, que Bateson considera como o mais eficaz recurso autoterapêutico do casal (1976),[27] que pode *"se tornar o artífice da própria cura"*, se reconhecido como tal.

Construir percursos terapêuticos que persigam esse objetivo é o meu interesse principal, para fazer com que as pessoas mesmas se sintam as mais competentes em cuidar do próprio casal.

"As mulheres se casam com os homens esperando mudá-los, e os homens se casam com as mulheres esperando que elas não mudem"
OSCAR WILDE

[25] Ibidem, p. 12.

[26] Ibidem, p. 44.

[27] Bateson G., *Verso un'ecologia della mente*, Adelphi, Milano, 1976.

Capítulo 3 – Terceira fase

A "*pausa*" do fluir das águas,
a obediência aos pais ou a si mesmo?

1. IDEIAS PARA A VIAGEM (PARA NOS DESPENTEARMOS)

A substância água traz inscrita em si, um tipo de destino, um destino importante. Ela flui sempre, cai sempre, em um movimento circular e fluido que doa mutabilidade e plenitude ao ser, que o transforma incessantemente. É um dançar voluptuoso entre nascimento e morte[28]

Quando se para por muito tempo ao longo de um rio que tem o leito quase seco, sem se renovar com brincadeiras e paixões, podem ocorrer a perda da vitalidade e surgir a nostalgia da família de origem.

Geralmente se parte do pressuposto de que o casamento ocorra entre duas pessoas, mas na realidade ocorre sempre entre duas famílias; por isso, o relacionamento que cada um dos cônjuges tem com a própria família de origem e a do parceiro assume um peso fundamental.

Assim, é útil verificar quais capacidades cada um dos dois tem de se libertar das obrigações para com os próprios pais. Como os compromissos verticais (as relações do passado) entram em conflito com aqueles horizontais (as relações do presente)? Quem escolhe? A própria família de origem ou a nova família? Com quem estar na intimidade? A quem obedecer? A si mesmo ou aos pais? A quem trair? A si mesmo ou aos pais?

[28] Bachelard G., *Psicanalisi delle acque, purificazione, morte e rinascita*, trad. it., Como, 1992.

"A dependência é, em um certo sentido, o recíproco ou o oposto do crescimento?"[29]

Como reconhecer os sintomas, os sinais da dependência para ir além, em direção à autonomia, ou seja, a individualização pessoal e do casal?

Se prevalece a busca dos prazeres imediatos a despeito do cuidado com uma relação estável, os nossos viajantes podem se confundir.

A ilusão do novo Éden pode ofuscar (de várias formas), e a família de origem pode se apresentar sob a forma do computador e da internet por horas e horas, ou da casa sempre limpa, ou do trabalho que não acaba nunca, ou dos esportes radicais em série.

Outras perturbações podem se apresentar sob a forma de objetos para comprar, daqueles que não bastam nunca, ou de hábitos dos quais somos vítimas, e aqui entram todas as dependências que conhecemos, desde aquelas alcoólicas e químicas, àquelas alimentares.

O sinal mais claro da dependência é a necessidade de obedecer ao *eu devo* limpar, *eu devo* trabalhar, *eu devo* beber, *eu devo* comer etc., como se o indivíduo fosse obrigado a obedecer aos pais internalizados em vez de obedecer às próprias necessidades pessoais, ao próprio *eu quero*.

A dependência cria distância entre os parceiros: nos afasta dos nossos desejos e daqueles do parceiro e nos confunde.

E com a sensação de solidão que se perpetua, pode-se *cair* na tentação de procurar velhos amores ou novas aventuras, ou deixar-se embalar nas ondas do amor ideal ou nos abismos dos amores impossíveis.

Com o rompimento da intimidade do *Nós*, encontra espaço no casal o terceiro incômodo. Nascem os ciúmes: o outro ou a outra tem algo que nós consideramos desejável.

A dependência, com as suas ilusões, são férias, uma pausa ou uma longa fase que faz sombra na relação? Além de fazer sombra na nossa pessoa?

Por 'Sombra'[30] entendemos tudo aquilo a que renunciamos para estar nessa relação, para reconhecer e integrar.

Enfrentar a Sombra é uma etapa essencial do percurso criativo do casal, para sair da dependência, para se mostrar íntegro e luminoso ao seu companheiro de viagem.

[29] Bateson G., Bateson M.C., *Dove gli angeli esitano* (1979) Adelphi Edizioni, Milano, 1989, p.198

[30] Jung C.G., *L'uomo e i suoi simboli*, TEADUE, Milano, 1980.

Mas será que cada pessoa pode reconhecer as próprias emoções, os próprios desejos? Até mesmo aqueles não compatíveis com a imagem que quer dar de si? Reconhecer os seus interesses, as suas paixões?

A minha proposta é se dispor a *cuidar do desejo.*

Estamos em uma condição de desejo quando ficamos privados de alguma coisa. "Como tolerar o vazio que está entre os nossos desejos e a satisfação deles"?[31]

Com a ciência de que é exatamente o sentimento da *falta* a gerar o desejo.

A privação é um recurso precioso, que acende o desejo, e nos faz sentir sujeitos desejosos.

"O céu dos desejos é infinito. A sua imensidão nos diz que ficaremos sempre privados de algo",[32] *portanto, sempre seremos sujeitos desejosos.*

2A. IDEIAS PARA COLOCAR EM PRÁTICA (E SENTIR)

Com este exercício são visitados os *desejos* dos dois parceiros, vistos como um *tratamento* da própria individualidade.

1. O pedido é de que se desenhem dois hemisférios redondos na mesma folha; um será preenchido com tantas estrelas quantos sejam os próprios desejos e as próprias qualidades; o outro será preenchido com as estrelas que representam os desejos e as qualidades do parceiro.
2. São criados os *dois céus dos* desejos, cheios de estrelas. Cada estrela ilumina e é mensageira de um desejo e de um talento, seu e do parceiro.
3. No final, pede-se que liguem as estrelas, para criar uma imagem que represente o desejo futuro.

[31] Vézina J. F., *L'avventura dell'Amore. Dall'amore nascente all'amore duraturo.* Edizioni Magi, Roma, 2010, p. 42.

[32] Ibidem, p. 42.

2B. AS FORMAS E AS CORES DOS COLEGAS PRESENTES

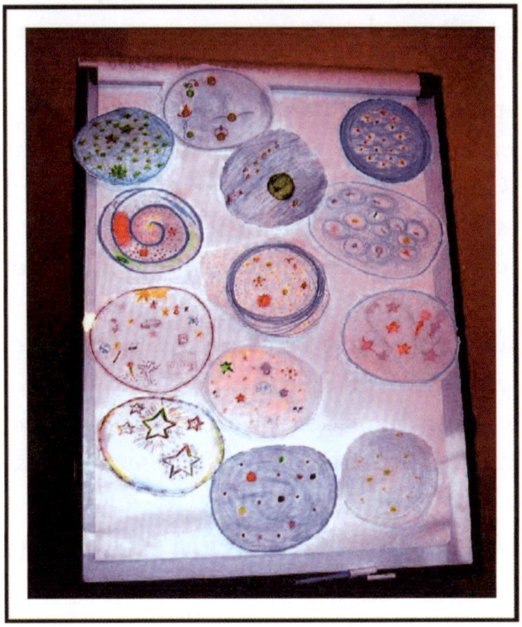

3. A VOZ NARRADORA (PARA OUVIR)

Terceiro encontro: Desejo de desejo

"Primeira estrela da noite, faça com que o meu desejo se realize". Estrela cometa que ensina o caminho, ensina a paciência e aquece o coração. Porque se é verdade que a primeira estrela da noite torna reais os desejos, não sabemos quando o fará. Desenhar os desejos. Entre todas, essa me parece a tarefa mais difícil, dentre aquelas propostas até agora. Começo a traçar os dois círculos na folha. Os círculos se tocam: parecem um oito voador ou o símbolo do infinito. São verdes os limites dos jardins dos desejos, que deveriam ser dois céus cheios de estrelas. Ar e terra. E eu, que desejo, no meio. Mas o que desejo? A pergunta do protagonista: o que você quer? O que quer de verdade? Com toda a alma e com todo o coração? E se eu não conseguir desenhar o que quero com o coração e a alma e isso não se realizar nunca? Que responsabilidade. A responsabilidade pelos próprios desejos e pelos desejos dos outros: os céus limitam. É circular o espaço dos desejos, não possui ângulos ou arestas. E traçando a esfera já sinto a mão segura deslizar no papel, no gesto completo do círculo. Se os céus dos desejos se desencontram não se causam nenhum dano: saltam para fora da folha, talvez.

Extraído do diário redigido após a experiência:

É azul a pausa na península da Dependência.

Um grande mago é a constelação do meu céu estrelado: o mapa dos meus desejos. Tenho vontade de rir.

Agora é a memória guiando o desenho: o primeiro encontro. Quanto tempo faz? Faz bilhões de estrelas. Mas eu me lembro. O parque de Monza, lá pela metade do verão: eu, aos vinte anos, ele aos vinte e três. "Quer jogar bola com a gente?". Claro que sim.

E os dois círculos se tornam o símbolo de um oito deitado, como o símbolo do infinito. Quanta complexidade a abarcar: os desenhos dos outros me surpreendem sempre.

Cobertas, velas, cachecóis, sóis, uma guitarra com a cara de um palhaço, montanhas, mares, maremotos.

A pipa.

O desenho como cura. De tantas maneiras. Levando no entanto o tempo necessário para fazê-lo. O tempo para si. É isso, silêncio talvez queira dizer também lentidão. Ambos são modos de guardar um lugar para alguma coisa, de deixar acontecer. De desistir do controle. O silêncio se torna verdadeiramente a possibilidade de ir além da palavra. Talvez por isso não me ocorra nada a dizer: me parece que tudo está tão claro no desenho no papel, que dizer algo complicaria as coisas.

O tempo da cura, para mim, é um pouco isso, também. Me vêm à mente os meus fios coloridos, e não apenas o branco. Brincar com os lápis de cor e a agulha de crochê é, de certa forma, um modo de desenhar, de fazer silêncio, de meditar, de ouvir. Um pouquinho, todos os dias, mesmo se a casa está em desordem, mesmo se há roupas para passar. Só um pouquinho, mas diariamente.

O casal. E não apenas ele. A família de origem e a família formada pelo casal. Não consigo ficar concentrada, talvez esteja um pouco cansada. Gostaria de conservar tudo aqui dentro e em vez disso me perco. A linha vertical é o relacionamento com a família de origem, a horizontal é a linha do casal. Devem se cruzar em algum ponto? Eu nunca fui boa em matemática. Mas se desenho as linhas de maneiras diferentes, penso de maneira diferente. Um gráfico: os eixos das abscissas e das ordenadas. Será que me lembro direito? Mas as duas variáveis não eram dependentes? O conceito de dependência, de qualquer forma, me parece que tenha a ver com isso. É preciso ver o que quer dizer dependência. Reciprocidade. E o outro desenho? Uma cruz. O sacrifício. E o símbolo de um amor que vai às alturas, rumo à transcendência, o divino que atravessa o amor pelo humano e o justifica. Me perdi... Perdi o fio da meada: devo desfazer a minha toalha de crochê colorida e recomeçar do início.

O desenho como possibilidade de descobrir o que já era conhecido. Descobrir o projeto e a surpresa, talvez se possa dizer assim, também. Tudo está no olhar.

EU QUERO, EU DEVO, um jogo de equilíbrios que correm ao longo das linhas que desenhei antes.

Uma equilibrista. Talvez a normalidade seja uma corda esticada sobre a qual devo caminhar, procurando não cair. Se você se distrai, cria a possibilidade da queda, que gera distância. A intimidade cura: a atenção aquece, ilumina. Porém, basta um nada para sufocar a autonomia...

É difícil ficar em equilíbrio na corda estendida que atravessa a península da Dependência para chegar à autonomia?

4. A PAUSA NA ARTE (DE VER)

A noite dos desejos

É uma noite como todas as outras noites É uma noite com alguma coisa de especial
Uma música me chama em sua direção Como água em direção ao mar
Vejo um turbilhão de gente colorida Que se aglomera em torno de um ritmo básico
Atravessam a terra desolada Para alcançar algo melhor
Um pouco além das misérias dos poderosos E as frias verdades da razão
Um pouco além dos hábitos atuais E da costumeira batalha de opinião
Vejo os olhos de uma mulher que me ama E não sinto mais necessidade de sofrer
Cada coisa está iluminada
Cada coisa está em seu caminho de transformação
Vejo estrelas que caem na noite dos desejos
Vejo estrelas que caem na noite dos desejos

Vejo estrelas que caem na noite dos desejos
Vejo estrelas que caem na noite dos desejos
É uma noite como todas as outras noites É uma noite que cheira a aventura
Tenho duas chaves para a mesma porta Para abri-la à coragem e ao medo
Vejo um turbilhão de gente colorida Que se aglomera em torno de um ritmo básico
Atravessam a terra desolada Para alcançar algo melhor
Vejo os olhos de uma mulher que me ama E não sinto mais necessidade de sofrer
Cada coisa está iluminada

Cada coisa está em seu caminho de transformação
Vejo estrelas que caem na noite dos desejos
Vejo estrelas que caem na noite dos desejos
Vejo estrelas que caem na noite dos desejos
Vejo estrelas que caem na noite dos desejos
é a noite dos desejos
é a noite dos desejos
é a noite dos desejos
Vejo Cristóvão Colombo, o navegador Chegou a minha hora de partir
O que pensa o trapezista enquanto voa? Não pensa, de jeito nenhum, em como vai terminar
Vejo os bárbaros que ultrapassam o limite E me olham pelo vidro do espelho
E alguém que medita sobre o fim Todo o céu se reflete nos meus olhos
As montanhas que dividem os destinos Se despedaçam, tornam-se areia
Na passagem de um momento de esplendor E escancara a porta da gaiola
Vejo os olhos de uma mulher que eu amo E não sinto mais necessidade de sofrer
Cada coisa está iluminada
E não sinto mais necessidade de sofrer
E não sinto mais necessidade de sofrer

E não sinto mais necessidade de sofrer
Vejo estrelas que caem na noite dos desejos
Vejo estrelas que caem na noite dos desejos
Vejo estrelas que caem na noite dos desejos
Vejo estrelas que caem na noite dos desejos
é a noite dos desejos
é a noite dos desejos
é a noite dos desejos
é a noite dos desejos

Lorenzo Jovanotti Cherubini, 2011

5. O ENCONTRO COM A CULTURA (PARA CHEIRAR)

Vínculos importantes e desvinculações necessárias

Uma outra habilidade que o casal deve avaliar, se é capaz é aquela de saber regular as distâncias com as respectivas famílias de origem, pegando características de ambas, mas diferenciando-se delas também, procurando realizar um bom equilíbrio entre o *afastamento* dos pais e o *contato* com o parceiro. Para que isso aconteça, os membros do casal devem ir se desvinculando de modo gradativo das próprias famílias e sentirem-se autônomos. (Scabini, 1995).[33]

Observando o ponto de vista de Jay Haley,[34] um dos pioneiros na terapia familiar, vemos que ele admite que os homens têm em comum com os outros seres vivos o namoro, o acasalamento, a construção do ninho, a procriação, a criação da prole e a conquista da autonomia por parte dos filhos.

Mas uma diferença importante entre o homem e os animais é que o homem é o único animal dotado de parentes não consanguíneos. Uma mãe urso não diz à sua filha com quem ela deve casar, nem se intromete na educação dos filhotes; os genitores do homem, entretanto, intervêm na escolha do parceiro dos próprios filhos e os ajudam a criar as crianças.

[33] Scabini E., *Psicologia sociale della famiglia. Sviluppo dei legami e trasformazioni sociali*, Bollati Boringhieri, Torino, 1995.

[34] Haley J. (1973), *Terapie non comuni. Tecniche ipnotiche e terapia della famiglia*. Astrolabio, Roma, 1976.

O casamento não é, portanto, simplesmente o encontro de duas pessoas, mas sim o encontro de duas famílias que exercem a sua influência em várias escolhas.

Como se os pais internalizados, que a psicanálise nos sugere, ou os pais reais, que a teoria sistêmica nos mostra, estivessem presentem em ambos os casos, envolvidos em cada fase do ciclo vital.

A mãe urso manda os seus filhotes para fora da toca e os abandona, os genitores do homem podem dar liberdade aos seus filhos mas também podem aprisioná-los dentro da família.

Não só o rapaz se aventura fora da família para se unir a uma moça, mas duas filas de pais se formam para tornarem-se parte no processo de decisão. E assim, a capacidade de crescimento do jovem está relacionada à sua capacidade de separar-se fisicamente e emocionalmente das suas famílias, abandonando uma base segura, para enfrentar, de maneira satisfatória, experiências de estudo, de trabalho e sentimentais, em direção ao namoro e à paixão.

Esse processo de individualização é facilitado se existe a participação de todos os membros da família, num acordo tácito sobre o afastamento. As *famílias fusionadas* terão maiores dificuldades para negociar esse afastamento, porque os vários membros o sentirão como uma espécie de traição. Um afastamento é possível se houve o gozo de um bom senso de pertencimento à família.

Assim, uma das tarefas que podemos considerar mais importantes na construção do casal é, certamente, a de definição dos limites com a família de origem.

Uma contribuição importante para esse tema dos *limites* vem de Salvador Minuchin (1974),[35] que define a família como *"um sistema que opera através de modelos transacionais. Transações repetidas estabelecem modelos sobre como, quando e com quem estar em relação. Esses modelos definem o sistema."*[36] Para Minuchin, o sistema familiar desenvolve as suas funções por meio dos subsistemas; os próprios indivíduos são subsistemas, que participam de outros subsistemas; as linhas geracionais distinguem os níveis hierárquicos no interior da família ou de outro sistema qualquer, que podemos imaginar graficamente deste modo:

[35] Minuchin S. (1974), *Famiglia e terapia della famiglia*, Astrolabio, Roma, 1976, p. 54

[36] Ibidem, p. 54.

avós

---

pais

---

filhos

Cada subsistema é delimitado por certas fronteiras, que indicam quem participa e de que modo. Podem ser: fronteiras claras, difusas ou rígidas. Falamos de *fronteiras claras* (-------) quando passam informações adequadas em quantidade e pertinência para os outros subsistemas; de *fronteiras difusas* (. . . . . .) se existe a passagem de uma quantidade excessiva de informações pelos diversos subsistemas; e de *fronteiras rígidas* (———) no caso de quantidade insuficiente de informações, que competiriam, por sua vez, às pessoas daqueles subsistemas. Tanto os limites difusos quanto os rígidos resultam disfuncionais.

Segundo Whitaker,[37] a família saudável e funcional é um sistema aberto, caracterizado por limites claros e permeáveis, distinção adequada entre as gerações, flexibilidade das regras e dos papéis, boas capacidades de solução dos problemas, consciência do passar do tempo e do processo de transformação, comunicação clara, com espaço para a fantasia e o senso de humor.

Em síntese, é importante sublinhar que todos os modelos reconhecem no conceito de *flexibilidade* uma importância crucial para o funcionamento familiar saudável.

Eu considero muito interessante a conversa entre dois ilustres psicoterapeutas, na qual Haley pergunta ao professor e colega: se você tivesse que dizer como é um bom casamento, como o descreveria?

E Erickson responde: quando descrevo aos meus pacientes um bom casamento, faço notar que existem essencialmente quatro tipos de amor. O tipo de amor infantil: Eu me amo. O estado sucessivo: Eu me amo em você – amo você porque é meu irmão, minha mãe, meu pai, minha irmã, meu cachorro. *O eu em você.* Depois, o tipo de amor adolescente:

[37] Whitaker C.A., *Il crogiolo della famiglia*, Astrolabio, Roma, 1981.

"*Amo você porque gosto do seu modo de dançar, gosto da sua beleza, da sua inteligência.* E por fim o estágio adulto do amor: quero amá-lo e cuidar de você porque *quero vê-lo feliz,* porque posso encontrar a minha felicidade apenas na sua. Quanto mais feliz você estiver, mais feliz eu estarei. Encontrarei a minha felicidade na sua. Gostarei dos seus passatempos e dos seus interesses intelectuais. Gostarei da sua paixão pela dança".

Assim, o amor maduro é a capacidade de ter prazer com o prazer que a outra pessoa tem. É algo que opera em mão dupla.[38]

> "*O encontro de duas personalidades é como o contato entre duas substâncias químicas: produz-se uma reação tal que ambas serão tranformadas por ela.*"
> (C. G. Jung)

[38] Haley J., *Cambiare le coppie. Conversazioni con Milton H. Erickson,* Astrolabio, Roma, 1987, p.9.

Capítulo 4 – Quarta fase

A *cólera* das águas que se chocam, raivas do passado e guerras do presente

1. IDEIAS PARA A VIAGEM (CHUVA DE IDEIAS)

"O mar é um ambiente dinâmico que responde à dinâmica das nossas ofensas... sou eu que agito o mar."[39]

Assim, o mar violento, que se torna maremoto e tsunami nos sonhos ou na realidade, traz à baila o poder das emoções e das paixões nos aspectos mais grandiosos, porém vorazes, da cólera, da ira, do ressentimento, do ódio. E a fúria das águas pode ser simbolicamente considerada um verdadeiro e renegado enfurecer de si mesmo, e vir a subentender ou antecipar a "resolução", isto é, a necessidade de encontrar modos menos destrutivos de agir e de se manifestar.

Podemos imaginar essa etapa da cólera, com o desencadear de forças que frequentemente têm uma forma destrutiva, agressiva, violenta, como uma das fases mais frequentes nos casais. Forças que foram encurraladas, reprimidas nas profundezas psíquicas e que um acontecimento exterior desencadeante, ou uma evolução interna, fazem emergir com o mesmo poder explosivo de um tsunami.

Manifestações que estão sempre ligadas às fases de passagem e de crescimento, frequentemente vividas de modo violento e dramático e à manifestação, portanto, de forças que não podem mais ser controladas.

[39] Bachelard G., *Psicanalisi delle acque, purificazione, morte e rinascita*, trad. it., Como, 1992. p. 196.

Quais são os modos mais usados? As acusações, as ofensas, as provocações, com as famosas e agudas afirmações: *"eu estou certo e você está errada"*, *"você não está nunca... você está sempre..."*, que podem terminar em brigas acirradas e explosões verbais e também físicas no limite do controle.

E quais são os motivos da guerra? São vários, mas alguns são tipicamente conhecidos por todos, como o tema do dinheiro, quando um quer gastar e o outro, economizar; a educação dos filhos, onde os valores da própria família de origem são melhores em comparação àqueles da família do parceiro; a responsabilidade pelos afazeres domésticos, as recíprocas acusações de pouca ou de excessiva participação, a organização do tempo livre e do tempo ocupado, onde sempre há quem esteja muito fora de casa ou muito dentro de casa, e depois a cama, o campo de batalha por excelência, onde à fisiológica diversidade homem-mulher somam-se às acusações mais violentas de insatisfações recíprocas. E quando um ou ambos os parceiros chegam à traição (porque vão *roubar* em outro lugar o prazer, caindo nos abismos da solidão), aí se assiste ao rompimento do *nós* e das regras do jogo combinadas no início, e criam-se distâncias cheias de silêncio e de coisas não ditas.

Como se chega ao âmago dessa paralisação, com todos os sofrimentos que ali se experimentam e se provocam? Chega-se a esse ponto quando se perde o costume da brincadeira e portanto do prazer, considerando que a *brincadeira* é o primeiro *cuidado* que a criança encontra como substituto da mãe, como já vimos.

Então, como sair deste movimento sem resolução? Como reanimar o *eu* e o *nós* do casal, para que esse reencontre o seu fluir vital?

Como reconhecer no caos da relação os sinais de vida? Ou seja, como identificar os *desejos* dos parceiros, com todas as diferenças que tinham sido reconhecidas como preciosidades?

Como transformar a acusação em solicitação?

Com o retorno ao *Eu, Eu preciso de..., Eu desejo...., Eu quero...*

Se partirmos do pressuposto de que a primeira forma de traição e de infidelidade é a que cometemos contra nós mesmos, quando não nos ocupamos das nossas necessidade e nos sacrificamos totalmente pelo outro, então, com a expressão das nossas emoções e da declaração das nossas necessidades é possível tranformar as *acusações* em *solicitações*.

A solicitação é a mais eficaz forma de comunicação.

2A. IDEIAS PARA COLOCAR EM PRÁTICA (E SENTIR)

Quais são as intenções do tratamento, através desse exercício?

Pretendemos descobrir (com) quem estamos (em contato): quais pessoas são importantes e quais preconceitos estão pendentes, para poder ir além.

E com o gesto e a cor oferece-se a oportunidade de eliminar a cólera e todo o seu peso, de torná-la visível diante dos próprios olhos e, então, transformável, de uma forma mais brincalhona e eficaz em relação à conversa que usa só a palavra, isto é, a mente, ou a palavra que mente.

1. Pede-se aos participantes que evoquem uma ou mais pessoas importantes do passado, com a qual corrigir os rancores em suspenso, e normalmente a figura que aflora é sempre representada por um ou ambos os pais.
2. E depois, em um segundo momento, como se essa pessoa que foi chamada à questão estivesse ali, diante dos olhos, pode-se decidir dizer-lhe: *"... estou zangado com você porque..."*, como se ela estivesse ali escutando todas as razões do seu rancor, todos os motivos do seu ressentimento.
3. A seguir, pede-se para que escrevam todas essas antigas situações, todos os episódios que se repetiram por anos, que provocaram rancor, escrevê-los todos, para reevocar a raiva, que depois deve ser desenhada, deve ser liberada com o gesto livre e com as cores escolhidas, exatamente como fazem as crianças que usam o papel como campo de batalha quando devem expressar as suas emoções.
4. Depois que os episódios de raiva foram identificados, nomeados, escritos e desenhados, pode-se passar à fase das solicitações; dirigindo-se sempre à pessoa escolhida, expressa-se todos os pedidos mais desejados: *"agora lhe peço... lhe digo..."*. Mesmo que seja sob a forma de imperativos, de insultos ou de ordens, para dizer e fazer tudo aquilo que sempre se sonhou poder declarar, como filmes antigos projetados na mente sabe-se lá quantas vezes, ficando alí a rodar sobre si mesmos sem jamais se resolverem. E, logo após, escrever todas as solicitações que surgirem.

> 5. Enfim, retoma-se a primeira folha de papel, que contém a escrita de todas as razões da raiva, apaga-se o título: "estou zangado com você porque..." e se substitui com o título: *"aprecio você porque..."*, para poder apreciar tudo aquilo que antes era objeto de rancor, depois de ter transformando a *falta* em um aprendizado novo. E a seguir, o resultado emotivo dessa experiência deve ser desenhado de novo, e o papel, que talvez tenha se tornado mais amigo, agora pode conter novas emoções e as novas imagens nascidas dessa nova experiência.[40]

O que se torna objeto de apreciação? A *falta*, o vazio, o "espaço transicional" que está entre duas pessoas, a frustração..., todas elas condições necessárias e fundamentais para o crescimento da iniciativa no indivíduo. Reconhecer este *"espaço da falta"* como a única condição geradora de *proteção*, de brincadeira, de criatividade e de desejo... – temas nos quais já tocamos -, torna-se fundamental. E aqui o reconhecimento advém através da experiência direta, com a transformação das faltas dos pais em oportunidade de crescimento da iniciativa pessoal.

E então, se uma pessoa está ressentida porque "a mãe me abandonou quando...", diante da pergunta: *"o que me ensinou essa experiência?"*, a resposta transformadora se torna "consegui me virar sozinho...", com a passagem fundamental da confiança onipotente na mãe à confiança sábia em si mesmo. E essa consciência faz com que se inicie uma outra história, como filho, como parceiro e, depois, como pai. Uma nova visão do passado que guia através de um novo percurso no presente.

E se partimos do pressuposto de que todas as mães e todos os pais são presentes demais ou ausentes demais, opressores demais ou negligentes demais, faladores demais ou silenciosos demais, próximos demais ou afastados demais..., então, são todos *demais*: poder nos liberar desses excessos tão antigos, para não projetar numa pessoa da vez, do presente, vítima inocente (!), todos os próprios rancores do passado, não é uma bela oportunidade? Um belo modo de viajarmos mais leves? Poder esvaziar

[40] Perls S. F., *La terapia gestaltica parola per parola*, Astrolabio, Roma, 1980.

o bagageiro cheio desses pesos do passado e poder deixar espaço para preenchê-lo com as suas necessidades do presente ainda por reconhecer e os seus desejos ainda por compartilhar?

Não é um belo modo de prosseguir na viagem amorosa?

2B. AS FORMAS E AS CORES DOS COLEGAS PRESENTES

3. A VOZ NARRADORA (PARA OUVIR)

Quarto encontro: a coragem de fazer as pazes

Dia de março, de sol e de vento: já estamos na primavera, mas ainda é inverno. Ar carregado, denso, e luz que muda os contornos das coisas. Tudo requer atenção e os sentidos estão atentos e à escuta. Alerta. É difícil encontrar o espaço da calma dentro da respiração desta vez. E como se fosse tudo novo ainda e para sempre... Ficar de olhos fechados. Continuar a inspirar e expirar, eliminando a tensão. Preparar-se para algo que acontecerá mesmo que não se saiba o que poderá ocorrer. A tarefa é difícil dessa vez. Desenhar a raiva. Não uma raiva abstrata, como na definição do dicionário. Desenhar a minha raiva. Ninguém sabe como ela é. E nem eu sei como torná-la visível, como permitir que se manifeste. Procurar a pessoa com a qual estou zangada desde sempre. Sei que sei quem é e que não será fácil admiti-lo. "Estou zangada com você porque..". Devo revelar a mim e aos outros companheiros esta parte de mim que procuro sempre esconder, da qual tenho medo, da qual me envergonho. Tenho medo da minha raiva: é verdade! Tenho vergonha da minha raiva. Minha respiração se interrompe. Engulo. Difícil aceitar. E depois o gesto, guiado quase que pela minha recusa, que se enfurece sobre a folha: uma explosão pirotécnica de cores densas e lamacentas que se embolam. Um centro em vermelho e negro, que deixam pesado o papel, que quase não suporta o frenesi com o qual os gizes de cera traçam os sinais de uma raiva antiga. E com os olhos fechados vejo o céu negro de verão e os fogos de artifício de anos passados: alegria e susto; maravilha e medo; barulho e alívio, juntos. E os jatos violentos de cores quase atravessam o limite da moldura tênue, desenhada para conter a minha raiva. "É uma raiva que não se pode conter" e como se eu sempre tivesse sabido disso. Tenho medo da minha raiva e continuo a riscar na folha linhas retas e cortantes como dardos flamejantes. Só faço uma concessão, e junto ao vermelho e ao negro, traços sutis, fios de amarelo e de verde. A tensão que sinto nas mãos no ato do desenho se transmite ao rosto: sinto as bochechas queimarem. E pouco a pouco todo o meu corpo se torna de fogo: como é difícil para mim entrar em contato com a minha raiva. Tenho vergonha da minha raiva! Pouco a pouco abro os olhos e observo a minha raiva no quebra-cabeças de sentimentos desenhados nas outras folhas. A minha raiva e a raiva dos outros. A minha raiva encontra o seu lugar no desenho coletivo e me parece que isso seja o certo. Apresentei a minha raiva ao mundo e ela encontrou o seu lugar.

A respiração se acalma. Mas não acabou ainda. Agora, preciso encontrar a coragem de pedir à minha raiva a razão do rancor que sentimos no gesto com o qual a desenhava. E começa o diálogo com quem está dentro da minha folha e foi alvo das linhas cortantes em vermelho flamejante.

Reencontrar o rancor para ir além: agora posso fazê-lo, conheço a minha raiva. "Aprecio você porque...".

Ainda com a folha diante de mim e os olhos fechados. Aconteceu alguma coisa, porque o gesto se torna fluido como a respiração.

Deixar-se ninar pelo movimento circular da mão que dança sobre o papel. Uma dança. Sou eu que danço. Eu que danço sozinha. Eu. Sorrio.

Extraído do diário redigido após a experiência.

O verde – A guerra – A raiva

Na selva dos jogos de poder e das traições *ou melhor: menos mal que mãe só exista uma.*

O vermelho eu teria escolhido por causa da raiva. Eu sempre percebi vermelha a minha raiva. Vejo tudo vermelho como os touros enfurecidos.

Uma selva intrincada onde é difícil ver a luz e a estrada. Ver tudo em vermelho pode ser o melhor modo de sair dela. Ver além. A raiva também como possibilidade. Nunca tinha vivido a raiva assim, porém. Zangado é mais sinônimo de mau. Nunca consegui ter um bom relacionamento com a minha raiva. Nunca me permiti isso.

"Preciso da minha raiva e quero tê-la ainda um pouco comigo, agora que sou capaz de reconhecê-la".

É difícil ficar com a raiva, mas é também uma conquista. A minha raiva é importante.

Ir procurar uma brecha para chegar ao lugar do silêncio, onde é possível permanecer sozinho escutando: preparar-se para a experiência.

A pessoa com quem estou mais zangada. Um desafio. Já sei quem será a pré-escolhida: sou muito previsível. Mas parece que quanto a isso não posso fazer nada, me provoco, digo a mim mesma que já sou grande, e é hora de dar um basta. E nada. A pessoa com a qual estou mais zangada ainda é ela.

Estou zangada com você porque...

Uma lista que, enquanto a escrevo, tenho consciência de tê-la sempre sabido, e mesmo assim sempre me magoa.

E eu não queria ir até o fim, é uma bela tarde, não quero arruinar tudo...

E no entanto, vou adentrando até o fim na selva escura e emaranhada, sem possibilidade de escapar sã e salva.

Preciso sair, ir embora dali, fugir para longe. Ali não posso mais ficar. Posso decidir agora e quero ir embora.

"Aprecio você porque..."

E a lista ainda se desdobra: é estranho, às vezes tudo flui bem, sem problemas, às vezes não. Mas é surpreendente da mesma forma. Agora cá estou com a minha raiva, porém de um jeito diferente.

Os desenhos. O primeiro: uma raiva acirrada, pantanosa, grudenta, pesada. Gizes de cera densos que deixam sinais grudados nas folhas. Trajetórias precisas, linhas cortantes.

Preciso sair do desenho que me suga de novo para dentro dele...

"Pensem no movimento": menos mal. A salvação.

Porque o movimento é uma surpresa. Apesar de tudo. Apesar de mim. Uma dança. Leve mas solene. Graciosa e fluida. Consciente, começo a pensar. Uma beleza, e quase me envergonho ao dizê-lo, calma e definida. Sou eu que danço. Sou eu que danço sozinha. Protagonista de uma cena indefinida. Uma dança doce, estática e alegre. A minha dança. Que eu tenho vontade de desenhar no papel branco da mudança. Que surpresa – e quem diria uma coisa dessas. Eu não sei nem ao menos dançar. E a cada gesto na folha saboreio de novo a sensação de leveza da dança de antes. A minha dança, da qual não sabia ser capaz. Mas agora eu sei que sou.

E na troca entre nós, quase uma iluminação: eu danço sozinha. Posso dançar sozinha.

Cara mamãe, aprecio você porque agora eu sei que a aprecio; posso também ir embora e depois voltar, sem os sentimentos de culpa, esse é o verdadeiro problema. Reinvindico o meu direito de dizer não. Do jeito que sei, como sou capaz, talvez errando para aprender.

"Preciso não ser uma ameaça"

Alívio.

Uma raiva de festa como fogos de artifício. Uma festa de libertação.

As palavras pesam. Atrapalham e às vezes dominam tudo. Uma coisa é dizer raiva, e outra é ver os desenhos da raiva. É como se a palavra fechasse e o desenho abrisse. Aquilo que é narrado nem sempre é aquilo que representamos depois. Não por má-fé, mas porque a maneira é que é diversa. Não apenas grandes orelhas, mas grandes olhos. E isso dito por mim, que amo as palavras de um modo visceral...

Colocar juntos: *e* e não *ou*. Nós dizemos sempre desse jeito, e essa é a chave. Porque às vezes as nossas histórias nos enganam com os nossos preconceitos e nós talvez estejamos já bem além, talvez empenhados em dançar um balé de paz e beleza. E que não é exagerado, naquele dado momento – de jeito nenhum.

É preciso aprender a se narrar, o que significa também aprender a falar de si mesmo de outra forma. De modos diferentes, talvez também sem palavras, para contatar uma complexidade que nem sempre se consegue sequer compreender, mas que deve ser integrada e cuidada como parte de nós.

Narrar de outro jeito, imaginar de outro jeito.

Ver a própria raiva para tomarmos conta dos nossos sentimentos de culpa: é mais fácil escrevê-lo que fazê-lo, mas, enfim, pelo menos posso tentar, visto que agora já sei um pouquinho como fazê-lo.

A traição tem a ver com os sentimentos de culpa. E quem trai, trai antes de mais nada a si mesmo. Confesso que não consigo ir até o fim. É um discurso difícil, talvez eu não esteja pronta ainda. Traduzir, trair, possibilidade essa de ir além, na minha opinião.

O reconhecimento é a última etapa dessa tarde intensa. Reconhecimento que, pode-se dizer, também é gratidão.

3B. UMA SEGUNDA VOZ NARRADORA PARA OUVIR[41]
(O testemunho de uma outra participante presente ao Curso)

... O tema de hoje é quente, é picante como a pasta ao "alho, óleo e pimenta", faz você ficar de boca aberta: *a "guerra" na selva dos jogos de poder e das traições.*

Pensamos na raiva em relação a uma pessoa e vamos desenhar, dentro de uma moldura: "eu estou zangado com você porque..." Durante esta atividade me sinto livre de todos os preconceitos, as emoções guardadas secretamente por mim encontram respostas às perguntas, encontram momentos para se expressarem.Que sensações estranhas, no início sinto quase medo, depois, quando consigo traçar os sinais com o lápis de cera a mente começa a sua viagem e custa a parar, estende-se como se estivesse em um processo de liberação. Sinto por dentro um burburinho de emoções: melanconlia e felicidade juntas, depois um sentimento de leveza que se confirma em uma expressão de autenticidade. Quando termino o meu desenho, olho para os companheiros. A cada vez que observo os outros me sinto como se invadisse a sua intimidade. Vanna diz que esse

[41] Dra. Lina Galperti, consultora pedagógica de orientação filosófica, especialista em formação e práticas terapêuticas com o uso do desenho.

também é um momento importante, existe uma escuta visual e então me esforço e continuo. Que olhares, que convicções, que cores, a maioria escuras, em traços verticais, horizontais, oblíquos, há também um coração desenhado em uma moldura e uma pequena vela amarela. Que força..., que coragem, quanta raiva bloqueada e depois quantas possibilidades, quanto alívio! Estou suada e me sinto um pouco desconfortável, uma colega até tira o suéter e fica com uma blusa de mangas curtas, menos mal, isso me conforta.

Agora se passa à escrita: "estou zangado com você porque..." E aqui sinto escorrer por mim algo que sai da cabeça e vai até os dedos das mãos, que escreverm acompanhando o movimento como se fosse uma onda que bate violentamente contra a costa.

"O carinho você sabia detonar em um segundo quando tinha que pensar nos seus problemas!

"Você me chamou de tantos nomes que me arrasavam, pela sensação de vazio que me deixou...!"

"Você é um castelo de areia que desaba assim que chega uma onda"

"Você me gerou sem me querer"

"Por que fez as coisas só por mim e não por você?"

"O meu nascimento indesejado transtornou todos"

"Você não me permitiu ser potência e possibilidade"

"Por que você acreditava sempre ser a mais esperta?"

......

Vanna passa à tarefa sucessiva: "apaguem o 'eu estou zangada com você' e substituam-no por '... eu aprecio você porque...'" para transformar as "faltas" e as "ausências" em oportunidades de crescimento. Tudo se transforma, tudo assume um outro significado.

Depois tornamos a desenhar sobre o último escrito de quietude. Os traços e as cores se tornam macios e tênues. Ficamos maravilhados com os nossos resultados, tudo assume uma reconfiguração que sintetiza, no desenho, arte, poesia, narrativa, uma outra narração da experiência.

Vanna, continuando sobre os sulcos das nossas frases transformadas, afirma: "É uma experiência que arranca o sofrimento da mente, daí saem histórias que rompem o preconceito. Há vida dentro de histórias aparentemente mortas"."

Assim, ao casal "você não fez, você não disse" tiramos o *não* e tudo se transforma, se minimiza, fica mais leve. Vanna acrescenta "Nós projetamos rancor quando nos sentimos culpados, a acusação trai a nossa solicitação. A primeira forma de traição é quando traímos nós mesmos. Com frequência não reconhecemos o outro pelo que é, queremos modificá-lo".Quantas palavras releio nas minhas anotações: acusações, culpa, rancor, traição...; me pergunto, é possível conseguir perdoar? Ricoeur[42] tratou, nas suas obras, do tema do perdão. Segundo o filósofo, o perdão tem sua origem na desproporção existente entre os polos da culpa e do perdão. A primeira leva à briga, à solidão e ao rancor; o segundo conduz à grande poesia que celebra "O amor e a alegria."

Portanto, a cura me fará perdoar? Penso que sim, mas só acredito com uma condição: a de sentir, ainda, amor pelo outro.

Nós também, hoje, recordamos memórias ofendidas; nós também, hoje, narramos diversamente; nós também, talvez, perdoamos.

4. A PAUSA NA ARTE (DE VER)

Edvard Munch, O grito, 1885

[42] Ricoeur P. *Il simbolo dà a pensare*, Morcelliana, Brescia, 2002.

5. O ENCONTRO COM A CULTURA (PARA CHEIRAR)

Um novo olhar sobre "A dor do casal"

O *casal* pode, portanto, se transformar num lugar de *tortura* no qual continua a exercer papéis antigos de pessoas que continuam a se sentir feridas e portanto *vítimas ou agressoras*, ou num lugar de *cura* das antigas faltas, no qual resolver certas temáticas internas individuais, uma oportunidade preciosa de crescimento.

É essa segunda hipótese que vamos explorar aqui.

"Fomos gerados por um casal. Nós mesmos, provavelmente, formamos um casal. Estamos rodeados por casais. No entanto, é surpreendente que seja tão difícil falar concretamente em casal." (Caillé, 2007).[43] E é também surpreendente que seja tão complicado viver como um casal.

E parece incrível que seja tão difícil elaborar conversas terapêuticas geradoras e úteis para criar novos olhares do casal sobre a própria relação, para curar a *dor do casal.*

"*A nossa vida de casal é impossível...*". mas...
"*Mas o indivíduo se sente incompleto quando está sozinho*" (Freud).

A interpretação psicoanalítica do "mas..." é vista por Freud (1921)[44] como por alguém que observa o desenvolvimento psíquico do indivíduo, que não pode existir normalmente sem a presença constante do outro, que aparece como modelo, como objeto, como ajuda, como inimigo.

É como se a escolha do parceiro e a entrada no casal marcassem a saída do conflito edípico. O indivíduo consegue aceitar a proibição do incesto e realizar uma identificação com as figuras parentais. Ele pode, assim, recolocar sobre um indivíduo adulto a maior parte dos desejos infantis e adultos, embaralhando os seus conteúdos. O indivíduo procura a solução dos seus problemas no outro, mas o outro naturalmente não pode bastar, ou porque muitos desses desejos são inconscientes e têm a ver

[43] Caillé P., *Uno e uno fanno tre. Quale psicoterapia per la coppia di oggi*. Armando Editore, Roma 2007, p. 25.

[44] Freud S. (1921), *Psicologia delle masse e analisi dell'io,* in *l'Io e l'es e altri scritti,* 1917-1923, in *Opere*, vol. 9, Boringhieri, Torino, 1977.

com o passado do indivíduo, ou porque o outro também está realizando a mesma busca e está procurando ele mesmo a solução dos seus problemas.

Então, para todas essas esperas inconscientes e essas contradições, segundo Freud, todas as relações afetivas contêm uma parte de *sentimento hostil*, que será mantida reprimida, ou será canalizada em artes, esportes ou mesmo nas profissões, ou agirá dentro do casal, com violências verbais e físicas.

E todos os casais devem elaborar a ideia de uma *solidão* para compartilhar e não para preencher, através do outro.

Segundo essa hipótese do "mas...", o terapeuta será um intérprete útil para guiar o casal rumo à revisitação das hostilidades antigas para transformar aquelas do presente, e favorecer no casal um novo olhar, útil para explorar e escolher o próprio modelo, aquele mais eficaz para o crescimento da curiosidade e do respeito recíproco.

"*A nossa vida de casal é impossível...*" mas...
"... *mas por que devemos nos separar, nós que nos encontramos?*"

A interpretação do "mas..." da teoria sistêmica, vista por Caillé (2007),[45] é interessante porque se coloca uma pergunta que requer uma resposta do próprio casal.

Por que o percurso singular deste casal, neste momento, tem armas que tendem a destrui-lo?

Há, portanto, a curiosidade de ver o casal "que se viu um casal" e que poderá se ver um casal criador de um novo modelo, em uma situação de diálogo curioso com o próprio casal.

Assim, o "nós" do casal, o "absoluto" do casal será o objetivo da nossa exploração, e a *crise*, a ocasião para reencontrar um novo espaço compartilhado e um novo modelo, mais funcional para o novo estado do casal em *crescimento.*

A finalidade da intervenção terapêutica resume-se a isto: ajudar o casal a descobrir o próprio modelo organizativo com o desenho; significa tornar visível o "Nós" do casal, que tinha se perdido, para reelegê-lo como *cuidador* e como guia do casal.

[45] Caillé P., *Uno e uno fanno tre. Quale psicoterapia per la coppia di oggi*. Armando Editore, Roma 2007, p. 40.

Deste modo, dá-se ao casal um papel ativo, para fazê-lo sentir-se responsável pela sua relação, e, assim, em condições de decidir como prosseguir e quando mudar o próprio percurso amoroso.

O casal não poderia existir como sistema autônomo sem um roteiro próprio, sem um modelo de referência ou modelo organizador próprio; nós o ajudamos a encontrar um que seja vivível, atualizado, reconhecível, aquele *"terceiro simbólico"* que representa a relação entre os dois, que tem sempre algo de único, de belo e de singular, suporte e revelação da identidade do casal.

"Não existe nada bom ou mau em si,
é o pensamento que torna as coisas boas ou más"
WILLIAM SHAKESPEARE

TERCEIRA ETAPA
A CURA DO CASAL

Capítulo 5 – Quinta fase

A ***escolha*** da ponte para os encontros dos desejos, reconhecendo o *Eu* para acolher o *Você*

1. IDEIAS PARA A VIAGEM (CHUVA DE IDEIAS)

A união entre a água e a terra, entre dois elementos passivos, femininos, entre as duas substâncias que mais representam a materialização, a mutação das formas, é uma união especial. E o é por dois tipos de motivos. Em primeiro lugar, ela implica em um processo ulterior de sexualização de um dos elementos. Quando matérias tendencialmente femininas, como a água e a terra, se misturam, uma delas deve masculinizar-se ligeiramente para dominar a outra. Só assim a combinação resulta sólida e duradoura, só assim cria imagens reais e vivas.[46]

Vimos que as crises são perigosas, corroem a psique e desgastam a vida privada e profissional; então como sair da guerra conjugal?

Depois de ter colocado em ordem os antigos rancores, como reconstruir a própria ponte, para deixar a margem da raiva e do ódio e ir para o outro lado do rio, para a margem da paz, a margem da compreensão? Como ocorre a travessia?

Todas as culturas procuraram criar sistemas para dar apoio nos momentos de ruptura da vida, de modo a tornar superáveis aqueles abismos medonhos: símbolos, danças e festas...

É como se todas essas práticas liberassem uma maior confiança, uma melhor cura.

[46] G. Bachelard, *Psicanalisi delle acque, purificazione, morte e rinascita*, cit., pp. 115-116.

Com os rituais vamos *construindo pontes* que ligam as passagems de um capítulo da nossa vida àquele sucessivo.[47]

Quando o nosso mundo começa a tremer não se comemora mais, mas justamente nessas ocasiões é que as celebrações são importantes. O que é digno de celebração hoje, na nossa cultura? Temos os rituais para celebrar os momentos de profunda mudança na vida: morte, nascimento, noivado, vida a dois, casamento. Mas quem comemora o desemprego? Ou um divórcio? Ou a saída dos filhos do núcleo familiar? O início e o fim de uma atividade de trabalho? O início e o fim de um percurso de estudos? A aquisição de uma casa ou uma mudança? Ou o princípio e o fim de uma terapia?

Tudo aquilo que é importante pode ser ocasião para celebrar a vida, sejam os momentos altos ou os momentos baixos, celebrando os acontecimentos com os quais se criam, se dissolvem ou se transformam profundamente laços importantes.

Podemos usar os rituais para transformar o comum em extraordinário, com cerimônias e celebrações que interrompem o transcorrer uniforme do tempo e marcam a passagem de um mundo ao outro, com sinais do *"não pertenço mais a..."* e do *"agora pertenço a..."*, com sinais de adeuses e de bem-vindos, como ocasiões para dizer novos "sim" e novos "não".

Podemos fazer uma viagem para descobrir nossos rituais, para ver quais atos são sagrados para cada um de nós dentro do casal, da família; quais momentos de passagem fundamentais da nossa vida celebramos e quais gostaríamos de ter celebrado? A "brincadeira" por exemplo, é um ritual que temos e que podemos programar?

Os *rituais* são como *pontes*, como instrumentos para facilitar a comunicação e para dar um valor compartilhado aos acontecimentos e aos gestos.[48]

2A. IDEIAS PARA COLOCAR EM PRÁTICA (E SENTIR)

A proposta da prática se articula em três fases, para dar espaço à busca do Eu, ao acolhimento do Tu e à saudação.

[47] Vézina J. F., *L'avventura dell'Amore. Dall'amore nascente all'amore duraturo*. Edizioni Magi, Roma, 2010.

[48] Ibidem.

1. O primeiro *encontro* importante a celebrar é com nós mesmos (a busca do Eu); cada um de nós é responsável pela construção da própria parte da ponte, portanto cada parceiro se apresenta com uma parte bela de si, *com uma qualidade* que o caracteriza, uma qualidade que distingue como agradável, para ser reconhecido pelo outro.
2. Em um segundo momento, cada um dos dois parceiros desenha, em uma folha, dentro de uma moldura escolhida, o próprio genograma simbólico, utilizando os símbolos escolhidos por ele, com os quais representa cada componente da sua família trigeneracional, e depois escreve: *"o que eu dei – o que eu recebi"* de cada pessoa da sua família, para revisitar as próprias relações de amor do passado e do presente. (O acolhimento do Você). A felicidade, em cada relacionamento, depende da livre troca entre o dar e o receber. O que é o genograma símbólico? É uma representação, ou seja, uma tradução simbólica do sistema de relações familiares de um indivíduo, que nos permite conhecer a imagem que ele tem de si e das pessoas que lhe são caras. Solicita-se o desenho (dentro de uma moldura, que serve como casa-recipiente) de si mesmo e das pessoas para ele significativas, utilizando os símbolos do mundo animal, vegetal, mineral, à escolha. E depois, com essas imagens estimula-se um diálogo visível com a sua folha de papel, seguida de uma narração por escrito, e depois ainda um compartilhamento da narração e das emoções com o parceiro, se presente. E a partir daquele momento é como se a pessoa começasse a *ver* e portanto a pensar de modo *também* diverso as próprias pessoas significativas, podendo organizá-las ao seu bel-prazer, no papel e no coração. Em todos os casos, é como se os seus afetos fossem revitalizados; ao visitá-los, são evocados e exteriorizados, através da escolha de um símbolo e de cores precisas, de um gesto, de uma posição, de uma ordem de aparição e de ligações, com proximidades e distâncias escolhidas. Uma multidão de informações e de emoções, todas a serem conhecidas e experimentadas pelos psicoterapeutas presentes ao Curso, e que serve para poder acessar as representações internas das próprias famílias, para acompanhar os próprios pacientes nessa viagem de exploração tão sugestiva. É indispensável a capacidade de leitura da *própria* família para aproximar-se da família *dos outros*.

3. Com a terceira fase deste percurso (a saudação), substitui-se o título anterior ("O que eu dei – o que eu recebi...") por um belo *obrigado* por todas as dádivas dadas e recebidas, que é o mesmo que experimentar a quietude que dá o sorriso de autorreconhecimento.

Em síntese, utilizamos rituais de acolhimento do *Eu* com uma qualidade, para ser reconhecido pelo *Você* na sua beleza, e a seguir programamos uma bela visita a toda a família do passado e do presente através dos símbolos escolhidos e da troca das dádivas de amor, e enfim *o obrigado* torna-se o ritual da saudação, depois do reconhecimento de todos os gestos dados e recebidos.

Temos, assim, *riquezas* suficientes para nos sentirmos autônomos no plano prático e no plano psíquico e para não nos sentirmos mais dependentes (dos pais)?

Sim, mas somente se conseguirmos *ver* e portanto apreciar essas riquezas!

Sim, se conseguirmos construir pontes que nos ajudem a atravessar o rio, a ir daqui... para lá... *pontes para atravessar*, para continuar a viagem rumo ao crescimento, com o objetivo de poder melhorar cada vez mais o relacionamento consigo mesmo e o relacionamento com os outros, através de um processo contínuo de separação das figuras das quais se foi dependente na infância, depois de ter reconhecido as próprias qualidades e os ensinamentos obtidos.

Concluo com essa que é considerada a "oração gestáltica" porque resume bem a ideia que eu quis propor.

"Eu faço minhas coisas, e você faz as suas.
Não estou neste mundo para satisfazer as suas expectativas
Como você não está neste mundo para satisfazer as minhas.
Você é você e eu sou eu,
e se por acaso nos encontrarmos, será maravilhoso,
se não, não haverá nada a se fazer."[49]

[49] Perls F.S., *La terapia gestaltica parola per parola*, Astrolabio, Roma, 1980.

2B. AS FORMAS E AS CORES DOS COLEGAS PRESENTES (Genogramas Simbólicos)

3. A VOZ NARRADORA (PARA OUVIR)

Quinto encontro: o do Anjo necessário

O amarelo. A escolha. As pontes. Os encontros. Aprender a dizer obrigada.

Em silêncio, pensando como apresentar a parte mais bela de si. Difícil, porque não estou habituada a pensar bem de mim. O que tenho de belo, de único e de especial? Só de pensar nisso já faz bem. E a respiração nina o meu movimento em busca da minha beleza oculta. Procurar a respiração profunda é o ritual de entrada no espaço protegido do grupo. Fixa os limites de tempo e de espaço para o cuidado consigo e para a escuta. Estou pronta: atravessei o limiar, posso descobrir sem medo a parte mais preciosa de mim. Ninguém fará mal ao meu Anjo, nem eu. Parecem frágeis esses anjos que presenteamos um ao outro no grupo, mas são a nossa força. Eu o sinto no momento em que pronuncio o nome do meu: sensibilidade. Reconheço esta parte de mim e me abasteço dela. Eu sou assim porque dei e recebi. O desenho, dessa vez, traça o mapa dos laços mais próximos. Eu e meu marido, pipas no centro da folha. Acima, no verde ovalado, como em espirais, os nossos pais. E na moldura acontece a mágica: o genograma se torna a árvore da vida e floresce, e as flores têm os nomes que sempre soube que teriam. E o obrigado torna-e a única coisa a fazer.

Extraído do diário redigido depois do encontro.

O amarelo

A escolha

Não me vinha de jeito nenhum à mente aquilo que tenho de único e de belo. E depois, assim, às pressas, enfim, não é que eu pense nisso com frequência...

Sensível.

Eu gosto de mim porque sou sensível. O meu Anjo necessário é a sensibilidade. O meu querido Anjo.

Que eu obrigo às cinco da manhã, a sair de moto, no inverno e no verão: pobre anjinho.

Que me obriga a me levantar mais cedo todos os dias, para me preparar para o mundo: anjo teimoso e devotado.

Às vezes feliz, às vezes triste, apesar das esplêndidas asas.

Eu me recordo da raiva da outra vez, e da minha dança: o Anjo nos rodopios ligeiros da dança reaprende, a cada vez, a voar.

O desenho de hoje simboliza a árvore da vida. Mães, pais, filhos e filhas e desabrocha agora em duas esplêndidas flores: o meu florescer.

Parece ter feito tudo sozinha essa árvore, parece ter feito tudo apesar de mim. E como a minha dança solitária tinha curado a raiva, essa linha da vida também redime e concilia.

Consola.

Ainda existem os opostos, mas não em oposição e sim como partes de um todo. Como forças que, juntas, atingem o equilíbrio. Balanço do exercício ou o exercício do balanço: se dou, existe alguém que recebe; se recebo, alguém deu. Pensava que era só conversa de contadores (e eu passei a vida esquecendo que era uma contadora), mas visto desse ponto de vista é diferente. Dar, ter. Dar e ter: em uma trama na qual é difícil parar e determinar os lucros e os prejuízos. Ao final de um período administrativo em uma empresa, deve-se parar e fechar as contas: redigir o balanço do exercício, para ser mais exato. Se o ter for maior que o dar registra-se um lucro. O lucro renumera os gastos da produção e paga os impostos (dito de modo muito simplificado). Mas é uma outra coisa que escrevo, enquanto penso no que me deu a minha mãe e naquilo que eu dei a ela. Nem lucro, nem prejuízo: relacionamento.

E no fim, não se fecha o balanço. No fim, se diz obrigado. Por tudo. Por aquilo que se teve e por aquilo que se conseguiu dar. Obrigado e basta, sem maiores juízos. E o obrigado redime, absolve, concilia.

O obrigado é a oração que se torna fórmula mágica. Resolve e conclui sem determinar lucros ou prejuízos. E me vem à mente o refrão de uma canção napolitana da qual não recordo o autor e nem mesmo quando e onde eu a ouvi, que diz mais ou menos assim: quem, deu, deu, deu; quem teve, teve, teve, vamos esquecer o passado...

Conhecer, reconhecer, reconhecimento, agradecimento: percurso que chega à gratidão. O reconhecimento também é dizer obrigado. O agradecimento se torna possibilidade para narrar de outra forma a história, para perdoar e recomeçar. E se dizemos que a cura é também o reconhecimento de nós no mundo, então dizer obrigado se torna um remédio poderoso, porque permite, se a necessidade o requer, atravessar as pontes. Pontes que levam a lugares diversos: rumo à autonomia, preparando o retorno. Existe algo de festivo nas práticas do perdão, diz Ricoeur: essa frase ficou gravada em mim. O ritual, a festa que celebra o sagrado. Um sagrado que faz a vida ser completa. É preciso parar para senti-lo e vê-lo. Mas ele existe. Às vezes, basta apenas fechar os olhos. Reconhecê-lo. Ser agradecido. Por aquilo que se consegue dar e aquilo que se tem. Me vem à mente o meu amigo Matteo: antes de morrer, a necessidade de acertar as contas. Tinha que partir, mas precisava deixar organizada a sua herança, a sua história: a sua marca no mundo. Encerrar as contas para se preparar para partir. Agradecer e sair de cena.

"Obrigado à vida, que me deu tanto", canto enternecido de agradecimento que sempre me comove.

Os desenhos das histórias.

Não é fácil narrar e no fim das contas narramos sempre a mesma história.

Os preconceitos.

Reinvindicar a possibilidade de mudar o final da narrativa.

Narrar de outra forma. Não compactuar com a história: quem está certo e quem está errado?

Deixar para lá a rua sem saída das palavras que transformam as coisas.

Não sou capaz de dizer de outro modo, se falo. Tentar substituir o dito por uma imagem e ver o efeito que causa.

Normalmente é uma outra história.

Vanna tem razão: as belas histórias se contam por elas mesmas, do jeito que sabem, e não apenas através das palavras. São as histórias que são belas, não as palavras que as contam. Se mudamos o meio não muda tanto aquilo que aconteceu, muda o efeito que causa. Como no cinema, com os efeitos especiais.

E me parece que estamos aprendendo a costurar um vestido: um ateliê de alta costura.

Não podemos mudar o tecido: trata-se de costurar algo belo e confortável para vestir. Costurar e descosturar, experimentar e refazer, revirar paciente o tecido e desfazer ainda o que não está bom do lado. É preciso paciência e atenção. Mais uma vez. Agora, pregamos as mangas. Artesãos de cores e formas, aproximados com sabedoria e ouvidos com cuidado. Eu quero aprender. Quero aprender o ofício. Como é que se faz? Até para isso é necessário paciência, não se aprende tudo de uma vez só.

"Deixe para lá a história. Deixe-a para lá, agora não importa mais. Não passa de uma história. Nem ao menos sabemos se é verdadeira. Talvez sim, mas não é aquilo que importa. A história é uma serpente que devora a própria cauda. Agradeça à história por aquilo que ela possibilitou a você, depois largue-a para lá. Silêncio. Respire profundamente. Abra os olhos. Agora olhe e me diga o que vê."

4. A PAUSA NA ARTE (DE VER)

O Casamento

Então Almitra falou de novo e perguntou: O que tem a nos dizer sobre o Casamento, mestre?...

E ele respondeu, dizendo:

Vocês nasceram juntos, e deverão estar juntos sempre.

Estarão juntos quando as asas brancas da morte dispersarem os seus dias.

Sim, estarão juntos também na memória silenciosa de Deus.

Mas que existam espaços na sua união

E que os ventos do céu dancem entre vocês.

Amem-se um ao outro, mas que o seu amor não seja uma prisão:

Conservem um mar agitado entre as duas margens das suas almas.

Encham a taça um do outro, mas não bebam apenas de uma delas.

Partilhem o seu pão, mas não comam somente do mesmo pão.

Cantem juntos e dancem e sejam alegres, mas que cada um esteja só.

Como as cordas de um alaúde, que estão sozinhas, mesmo quando vibram na mesma música.

Deem o coração um ao outro, mas não o deem para que o outro tome conta.

Porque somente a mão da Vida pode conter os seus corações.

E fiquem juntos mas não muito próximos:

Porque as colunas do templo estão distantes,

E o carvalho e o cipreste não crescem à sombra um do outro.

(*O Profeta* de KHALIL GIBRAN)

5. O ENCONTRO COM A CULTURA (PARA CHEIRAR)

O genograma da família tem origens muito remotas e nasce da árvore genealógica, que sempre foi utilizada para representar simbolicamente a evolução de uma família no tempo.

Ainda que contemple, como a árvore genealógica, a coleta de dados anagráficos de uma família, o genograma é diferente, pois concentra a sua atenção nas ligações afetivas importantes e nas relações no interior do sistema familiar, dando a elas uma imagem que é ao mesmo tempo histórica e evolutiva.

Através de simples símbolos cria-se um quadro da situação afetiva: usa-se um quadrado para os homens e um círculo para as mulheres; dentro deles é colocado um número, que indica a idade em anos, e abaixo o nome; a linha serve para traçar os laços de parentesco. Deve ser especificado também quem vive com quem, reagrupando as pessoas que vivem na mesma casa no interior de uma linha tracejada.

A estrutura conceitual do genograma é atribuída a Murray Bowen,[50] que após ter se ocupado por muito tempo do seu estudo e de famílias com pacientes esquizofrênicos, chegou à afirmação de que a doença psíquica é fruto de um processo trigeracional, que se origina na ausência da realização da chamada "desvinculação" de um ou mais membros da família e portanto na escassa diferenciação do *SELF* no ambiente familiar.

Ele o usa como principal instrumento de compreensão das dinâmicas familiares e trabalha prevalentemente sobre a necessidade de diferenciar o máximo possível cada um dos membros do sistema-família. Alguns anos mais tarde Monica McGoldrick, uma célebre terapeuta familiar, criou uma nova maneira de trabalhar com os símbolos, usando o Genograma Simbólico com crianças e famílias.[51]

Eu e meus colaboradores utilizamos o Genograma Simbólico, um método criado por mim, partindo da minha formação sistêmica, e portanto da curiosidade a respeito do mundo relacional no qual as pessoas se movem, e pela minha formação em psicoterapia imaginativa, e daí a minha curiosidade a respeito da mente que funciona por imagens e do desenho como autorrevelação.

Possui muitas semelhanças com uma pesquisa feita por uma colega, que utiliza famílias com crianças adotadas para revelar relações invisíveis e às vezes inaceitáveis.[52]

O que é o Genograma Simbólico? É um sutil instrumento que fala da família interior.

É um Genograma desenhado pelo paciente, para representar a imagem de si e dos seus entes queridos, não apenas através de quadrados (homens), círculos (mulheres) e linhas que definem uma relação objetiva de papéis; também é feita uma solicitação de que se vá além disso: que se represente, através de símbolos escolhidos no reino animal, vegetal

[50] Bowen, M., *Dalla famiglia all'individuo*, Astrolabio, Roma, 1979.

[51] McGoldrick M., *Genograms in family assessment,* Norton, New York, 1985.

[52] Greco O., *La doppia luna. Test dei confini e delle appartenenze familiari.* Ed. Vita e Pensiero, Milano, 1999.

ou mineral, a si mesmo e cada componente da família, em uma folha branca e utilizando lápis de cor.

Por que o uso do Genograma Simbólico?

Ele ativa a busca pelas próprias raízes através das imagens e o resgate das pessoas importantes que morreram, ou que nunca chegaram a ser conhecidas (adoções), ou pessoas consideradas incômodas, para reservar um lugar para cada uma delas na folha de papel e no coração, dentro ou fora da moldura.

Ele permite a cada pessoa que reconheça o próprio papel no interior da sua família.

É útil para descobrir, através do uso dirigido do desenho, conceitos afetivos e espaciais, como a aproximação e o afastamento. As imagens mentais de pessoas e objetos bons muito afastados ou de pessoas e objetos maus muito próximos podem ser externalizadas e, então, transformadas.

O Genograma coloca imediatamente em evidência, tornando-as visíveis e narráveis, as informações da família, de forma a revelar uma rápida visão de conjunto das complexas dinâmicas familiares.

Em síntese, pode-se utilizar o Genograma Simbólico como um verdadeiro recurso de cura, um instrumento que proporciona conhecimento e autorrepresentação, uma espécie de fotografia da própria família.

Um instrumento que também adquire o significado de um teste projetivo gráfico, para a verificação qualitativa da transformação da história familiar e do modo de vê-la.

"Não deixem que os profissionais da saúde,
quando lhe derem conselhos, retirem a confiança
que vocês têm no seu saber natural."
D. WINNICOTT

Capítulo 6 – Sexta fase

O ***crescimento*** de raízes e copas na água, para cultivar a diversidade em direção ao Nós

1. IDEIAS PARA A VIAGEM (CHUVA DE IDEIAS)

Desde sempre a água representa, para o homem, um dos maiores e mais constantes símbolos maternos, da mãe e do seu leite, da criatura-alimento que o nutriu com a sua própria substância.

As águas naturais, as águas dos rios, dos lagos e dos mares assumem aparências leitosas, tornam-se metáforas lácteas. A água se materniza, fica nutritiva e densa, abundante e salvadora, o leite da Mãe natureza.

Para a imaginação, tudo aquilo que flui é água. A cor e a consistência pouco importam, são apenas traduzidas por um adjetivo. O leite materno, a bebida feliz, flui. Fluindo, participa da natureza da água, torna-se água, e a água, leite.[53]

Nessa fase, o casal pode buscar a água parada e amena à margem do rio, sob a sombra da sua própria árvore, para respirar, olhar para si e acolher as *diferenças* com um novo olhar, vendo-as maravilhosas em vez de ameaçadoras, partindo da apreciação de si mesmo e do outro, com as qualidades que na origem tinham sido objeto da atração recíproca, até mesmo porque eram qualidades diferentes, talvez até opostas.

E então pode-se retomar a viagem, prestando atenção em cuidar de si mesmo, em cuidar do outro e em cuidar do relacionamento.

[53] Durand G., *Le strutture antropologiche dell'immaginario. Introduzione all'archetipologia generale*, trad. it., Bari, 1991.

O que é cuidar de si mesmo? É partir em busca das próprias qualidades e do próprio valor, como já vimos, sem procurar mudar a si, mas cuidando daquela imensidão de si que contém também as partes que parecem opostas, que se escondem na sombra. Como encontrar esse outro-de-nós em nós, com as suas necessidades que podem nos parecer estranhas? Parando de julgar a si mesmo e começando a se amar, escolhendo gostar de si próprio.

O que é cuidar do outro? É partir em busca das suas qualidades, dos seus hábitos, das suas paixões e dos seus valores, que mudam com o passar dos anos e que devem ser reconhecidos, no sentido de conhecer sempre de novo. Reconhecemos o nosso companheiro de viagem no seu crescimento, depois de muitos anos? Se o casal seguiu o fluir contínuo do seu próprio rio, ambos os parceiros não são mais aqueles da nascente, ambos renovaram seus gostos, suas paixões, seus objetivos na vida: são mudanças que devem ser reconhecidas como boas para que sejam vistas como conquistas em vez de perigos.

O que é cuidar do relacionamento? É partir do cuidado com o *nós* do casal, através dos rituais cotidianos, semanais, mensais, comemorando os aniversários e as datas especiais, encorajando-se a cultivar a brincadeira, as paixões e a curiosidade a respeito do outro.[54] Também são importantes os lugares do relacionamento, os símbolos da casa, os cantos e os cômodos que cada um escolheu para si: são jardins secretos nos quais podem deixar suas almas respousarem.

Portanto, a primeira proposta é se relacionar amorosamente consigo mesmo (em vez de se criticarem); a segunda proposta é se relacionar com afeto com o outro (em vez de reprová-lo), para poderem ir juntos rumo à apreciação recíproca da diferença (em vez de procurarem modificar-se um a outro).

Cultivar a apreciação e a estima é bom para fazer crescer a admiração, o nível mais evoluído de reconhecimento, que nos leva a pensar que a pessoa que compartilha a nossa intimidade tem algo de único, de belo e de especial. Leva à admiração por si mesmo, pelo outro e pela relação, todos sobreviventes ao tempo, superando provas e obstáculos, ou melhor, evoluindo graças à resolução dos problemas inevitáveis.

[54] Vézina J. F., *L'avventura dell'Amore. Dall'amore nascente all'amore duraturo*. Edizioni Magi, Roma, 2010.

2A. IDEIAS PARA COLOCAR EM PRÁTICA (E SENTIR)

Como *ver* as próprias diferenças, a fim de conhecê-las e fazer com que sejam conhecidas e então apreciadas?

Mais uma vez a natureza nos ajuda com os seus símbolos, que servem para evocar e desenhar para revelar aquilo que estaria na sombra, para tornar visível o invisível. E aqui nós pegamos emprestada a árvore, símbolo por excelência do crescimento lento e contínuo: a árvore, com as suas raízes e com a sua copa (que chamaremos de galhos).

1. A primeira proposta é pedir a cada um dos dois parceiros que desenhem, em uma folha, a *própria árvore*, dotada de *raízes* e de *galhos*.
2. Em um segundo momento, pede-se para que olhem para a própria árvore, imaginando que moram entre as raízes ou sobre os galhos, e consequentemente imaginando um lugar para colocar o parceiro também.
3. Depois cada um escreve, sempre acima da sua árvore, as qualidades típicas das raízes e as qualidades típicas dos galhos, as diversas funções que eles têm, com o propósito de fazer crescer aquela árvore, para que seja a mais bela.
4. A última fase é compartilhar as próprias produções e as próprias escolhas, para reconhecer as diferenças entre os papéis e as funções dentro do casal como sendo úteis e curiosas preciosidades.

São mais belas as *raízes* ou os *galhos*? Ambos são úteis para fazer crescer a própria *árvore*!

A finalidade deste exercício é posicionar-se para reencontrar a si mesmo e ao outro na beleza dos próprios papéis e das próprias funções, válidas para dar visibilidade e vida às próprias partes iluminadas e àquelas na sombra, com ambos os parceiros em busca de suas qualidades únicas, belas e especiais, a serem reconhecidas para que se tornem apreciáveis e admiráveis.

2B. AS FORMAS E AS CORES DOS PRESENTES

3. A VOZ NARRADORA (PARA OUVIR)

Sexto encontro: primavera.

Abril. Sente-se algo diferente no ar. A respiração fica estimulada, e encontrar a calma seguindo o seu ritmo é mais fácil. Eu repouso. Estou atenta, alerta mas repouso. Inspiro e expiro na amplidão dos pulmões que se dilatam e a seguir se contraem. O movimento que é repouso. O desenho a ser feito: uma árvore. Raízes e copas. Uma árvore. Céu e terra. Movimento contínuo, tensão, crescimento, transformação. Agir sobre o movimento que dá vida à árvore, senão o desenho não sai. Para cima e para baixo: devagar. A minha mão sobre a folha. É agradável como o movimento de ninar: para frente e para trás. É potente o tronco que nasce. E os ramos: galhos rebeldes. "A minha árvore não foi ao cabeleireiro", penso, "igual a mim". O desenho é decidido pelo movimento e não pelo projeto. Sempre me surpreende a imagem que nasce independente de mim.

Ao redor, outras árvores. Todas diferentes. Todas floridas. É primavera.

Extraído do diário redigido após a experiência

"Quando você está aqui comigo,
este quarto não tem mais... paredes,
mas sim árvores... árvores infinitas."[55]

A canção é de Gino Paoli e Vanna a canta no fim do livro de todas as belas histórias às quais deu voz.

O jardim das árvores infinitas

"Uma imagem que aparece frequentemente entre as figurações arquetípicas do insconsciente é a da árvore ou em geral da planta milagrosa"; trata-se de Jung: o seu jardim é o jardim as árvores filosóficas.

Jardim secreto.

Floresta urbana.

Ordem e caos.

O projeto de um parque, a natureza que segue o seu curso. Do projeto à surpresa, mais uma vez: do parque à floresta.

Urbana, quase domesticada, mas floresta: uma ordem perfeita ao lado de uma desordem entretanto perfeita. E o parque Norte, na periferia de Milão, torna-se floresta. É uma história muito bonita, que nos contou uma amiga um dia em que não era ainda primavera, mas quase.

É como o desenho da árvore: você projeta uma árvore com as raízes no céu... e depois tudo flui facilmente.

Porque você não está sozinho, existem outros, existe o mundo, a vida e você não é onipotente de jeito nenhum. E eu não sou de jeito nenhum uma pintora, ainda que me agradasse sê-lo.

A bolota encerra em si o seu carvalho dos milagres.

E a minha árvore, com as raízes no céu, ergue-se reta e forte no azul claro da folha.

[55] N. do T.: no original: "Quando sei qui con me / questa stanza non ha più... pareti, / ma alberi... alberi infiniti".Versos da canção *Il cielo in una stanza* (O céu dentro de um quarto), de Gino Paoli.

E floresce.

E as outras árvores também: perto da minha está uma árvore companheira.

Depois, uma outra com as folhas coloridas e as raízes de mar.

Uma árvore com sapatos que desliza rumo ao céu.

Uma ramificação em oito, que pode ver tudo e continuar indo e vindo.

Galhos retos rumo ao alto, que se entortam no solo.

Árvores pequenas, de várias temporadas. Floridas, carregadas, sem folhas.

O importante é o processo.

O que nasceu primeiro, o ovo ou a galinha?

Primeiro os galhos e a copa ou o tronco e as raízes?

A antiga sabedoria do corpo, que sabe o que fazer e o faz quando é necessário.

Não importa perguntar a si mesmo o que desenhar primeiro: galhos ou raízes?

O que eu sou?

Galhos?

Raízes?

Tronco?

A mão desenha e eu a sigo. Eu não sei o que sou. Vou descobri-lo aos poucos. Olhando a árvore da vida e desenhando os seus frutos.

E Vanna fotografa o antes e o depois, documenta o processo. Tudo é importante.

Eu me retraio um pouco.

Uma coisa é o desenho: o traço.

Outra coisa é o processo.

Eu sou o desenho, sei disso. Mas a minha marca, que fica na folha, também sou eu.

As minhas mãos na folha, falando de mim, são outra coisa. É o processo. E desse quase me envergonho e nem ao menos sei o porquê.

E só agora me dou conta do olhar de Vanna, que nos observa desenhar.

É importante?

Quando falo com alguém, olho-o nos olhos: é importante. Eu o escuto.

Olhar não para o desenho, mas para o desenhar: isso é importante. Escutar?

A atenção desperta. A atenção nutre. Nutrir o processo hermenêutico.

É pensar demais.

E eu sou os galhos.

Eu sou a dança desenfreada, que me faz suar.

Tenho saudade das raízes.

Da terra.

Do cheiro do mato cortado.

Eu sou isso e aquilo, juntos.

O tesouro está no interior do tronco nodoso da árvore oca da campina atrás da casa. Mágico.

Para as crianças, é tudo muito claro.

Hoje, porém, nota-se que é primavera e o desenho da árvore celebra também este despertar.

É a luz que me impressiona: a sala parece uma outra, de verdade.

E eu sinto por não poder abrir as janelas.

Duas persianas estão levantadas, a terceira abaixada: Laura senta-se entre elas. Onde a luz muda. Quis dizer-lhe na hora que ela também parecia um nova pessoa. Estava no meio, indecisa entre o sol inédito e a persiana fechada. Na potência do limite, onde tudo é possível: a luz e a sombra.

É que me distraio facilmente: eu sou os galhos, sei disso.

4. A PAUSA NA ARTE (DE VER)

"A dança das diferenças"

(Foto de Enrico Bergamini)

5. O ENCONTRO COM A CULTURA (PARA CHEIRAR)

"A aceitação de uma saudável escolha paritária"

É assim: "Nós nos apaixonamos sempre pela imagem que o outro nos reenvia de nós, e pela imagem que reenviamos a ele. Deste cruzamento e troca recíproca de imagens emerge aquilo que chamamos de relacionamento. Nós nos apaixonamos pelas relações e não pelas pessoas. [...] A nossa paixão acaba porque o outro continua a nos reenviar sempre as mesmas imagens que não nos emocionam mais positivamente, ou porque não gostamos mais das novas imagens que nos são reenviadas. Gostamos das imagens segundo quem as envia e segundo o momento do ciclo vital." (Cancrini *et al.*, 1991).[56]

Eu aprecio o tema da *"escolha paritária"* tal como a define Virginia Satir (1999),[57] que descreve cinco maneiras através das quais as pessoas olham para si e para o outro; o tema se presta bem a este capítulo no qual trato exatamente do tema da "escolha paritária" através da descoberta e da valorização das próprias qualidades únicas que cada um leva para o casal.

A primeira ideia que ilustra é esta: *"a possibilidade de formar um casal saudável depende da capacidade de ter um senso de igualdade com respeito ao outro"*,[58] e portanto vai além da ideia difusa de que o casal se forme baseado em uma desigualdade com relações, por exemplo, de dominação-submissão, ou seja, relações ligadas aos papéis, que negam a individualidade, enquanto é proclamada como uma riqueza a diferença ligada às próprias qualidades únicas.

A segunda ideia é que *"cada pessoa, seja homem ou mulher, contém partes intuitivas e partes cognitivas"*.[59] E, portanto, para funcionar, essas partes devem ser despertadas e reconhecidas por ambos os parceiros.

A terceira ideia é que *"a identidade está separada do papel"*[60] De fato, desde sempre nos escondemos ou nos revelamos através de papéis, de mãe, pai, profissional, etc., e são ainda mais perigosos os papéis que definem homens

[56] Cancrini M.G., Harrison L., *Potere in amore*, Editori .Riuniti, 1991, pp. 40-41, 44.

[57] Satir V., *Il cambiamento della coppia,* in Andolfi M. (a cura di), *La crisi della coppia. Una prospettiva sistemico relazionale*, Raffaello Cortina, Milano, 1999.

[58] Ibidem, p. 14.

[59] Ibidem, p. 14.

[60] Ibidem, p. 15.

e mulheres de forma rígida, sendo que nós podemos ajudar as pessoas a encontrarem a si mesmas através das qualidades masculinas e femininas que cada um traz em si, mesmo que obviamente com as prioridades ligadas ao gênero. À pergunta “e você, quem é?” com frequência não respondemos com as qualidades que reconhecemos, mas nos definimos através dos papéis.

A quarta ideia é que *“uma nova avaliação de si mesmo é o fundamento das decisões sobre como se comportar.*[61] A capacidade de enfrentar os problemas no interior de um casal é com certeza proporcional à boa autoestima que os parceiros têm. Por outro lado, quanto mais baixa é a autoestima, mais emerge a necessidade de *projeção*, aquele mecanismo de defesa que serve para mascarar as próprias dificuldades.

De fato, a saúde está estreitamente ligada à consciência de estar em contato consigo e com a pessoa real, do presente, para conhecer as próprias necessidades e aquelas do outro, aqui e agora, e despertar os desejos do coração, que são sempre de dar e receber amor e apreciação.

A quinta ideia é que “as pessoas são seres espirituais”,[62] isto é, *“seres cósmicos sagrados”*. Se pegarmos emprestada esta ideia maravilhosa, dos seres humanos vistos como manifestação da vida, com certeza entraremos naquela atmosfera na qual poderemos despertar o desejo de ter paixão e compaixão consigo e com os outros.

Portanto, o convite é encorajar o conhecimento e a expressão de si, e consequentemente da autoestima e da capacidade de amar a si mesmo, para conseguir amar o outro e os outros.

Para chegar ao casal sem pedir ao parceiro para preencher aquelas necessidades às quais os próprios pais não deram resposta, mas sim dando ao parceiro aquelas atenções e cuidados que foram recebidos, aqueles que nos fizeram viver, crescer e nos apaixonar.

“Ninguém pode fazer você se sentir
inferior sem o seu consentimento.”
E. Roosevelt

[61] Ibidem, p. 17.

[62] Ibidem, p. 19.

Capítulo 7 – Sétima fase

O ***abandono*** no silêncio das águas, no prazer da intimidade e da bondade

1. IDEIAS PARA A VIAGEM (CHUVA DE IDEIAS)

A água viva, portadora de vida, contém em si os germes potenciais de qualquer transformação. É a fons et origo *de todas as possíveis existências. Ela precede as formas e age como suporte a todas as criações. É a água que gera o mundo. Uma água imensamente expandida, eterna, inexaurível. Uma água nutritiva, o alimento morno e fecundo que a terra prepara no seu ventre obscuro. Uma água simples ou composta.*[63]

Cada viagem tem uma meta; estamos em busca do quê? Em busca da intimidade. Vamos embora de uma casa e voltamos para uma casa, o lugar que abriga e protege a intimidade, o canto secreto no qual fomos concebidos, pensados e nascemos, é o lugar onde nasce o amor, primeiramente como *filhos*, depois como *casal*, primeiro criados e depois criadores. As nossas duas *criaturas* nesta fase se unem para *dar uma casa ao amor*, e a partir dali fazê-lo nascer e crescer a fim de que se torne a cura.

A intimidade, que começa em nós mesmos e vai além do medo de ficarmos sozinhos ou do desejo de fusão com o outro, nos estimula a cultivar aquilo que há de melhor em nós; por isso é importante encontrar, na casa, cantos para si, para poder descansar e se recarregar; eu a denominei *cantinho da respiração*.

Os espaços da intimidade são o lugar onde a sexualidade pode atingir o seu nível máximo.

[63] Carassiti M., *Dizionario di mitologia classica*, Roma, 2001.

Desejamos o outro quando o deixamos ser diferente de nós, quando ele encarna aquilo que nós não somos.

O desejo nasce quando redescobrimos o nosso parceiro através das suas paixões e da sua unicidade.

Quando paramos de querer mudar o outro, nos transformamos em sua presença.

O convite é para deixar que *o nós* guie os nossos passos nessa viagem amorosa, para dar uma casa ao amor, para fazê-lo nascer na intimidade das nossas salas e fazê-lo crescer na beleza do jardim.

Para nos transformarmos de turistas em jardineiros da alma, tornando-nos jardim e jardineiros juntos.

Vimos no primeiro capítulo que o *jardim e o homem* são elementos da mesma história.

Nós iniciamos essa nossa viagem exatamente no jardim do Éden, com os dois casais de apaixonados: a criança/a mãe e o namorado/a namorada, em um estado de total fusão e confiança recíproca.

E a seguir..., através de diversas provas, vimos que há saída da fusão para ir em frente, redescobrindo também a autonomia e a iniciativa pessoal. Mas nessa viagem qual será a direção: o pensamento nas desventuras ou o pensamento no crescimento?

A *expulsão* do paraíso/da família de origem deve ser sofrida como uma perda ou deve ser *escolhida* como a *própria* estrada a tomar?

Podemos interpretar a desobediência como única e melhor condição para crescer?

Adão e Eva escolheram desobedecer a Deus, e qual foi o resultado? Eles se perceberam nus. Como se a saída do jardim edênico coincidisse com a tomada de consciência da sexualidade e a entrada no mundo adulto. Mas, então, a serpente maligna, que rastejava pelo Éden para conceder aos nossos progenitores o dom da sexualidade pode ser vista como uma ocasião para o crescimento? Sendo assim um modo de reevocar a situação paradisíaca à vontade? O ato sexual seria como uma reevocação do paraíso?

Pode-se ver a traição como um ato indispensável,[64] porque somente desobedecendo ao pacto original o ser humano passou de uma

[64] Carotenuto A. (1991), *Amare tradire,* Bompiani, Milano, 2002.

modalidade de vida indiferenciada a uma modalidade de vida à parte, se reconheceu como indivíduo sexuado e como sujeito da sua história.

Eis então uma grande oportunidade ligada ao crescimento: poder dizer sim a si mesmo e não aos pais e avançar no sentido de se tornar ele mesmo, de cuidar da sua individualidade e do casal.

A saída do jardim familiar deve ser encarada como um rompimento inevitável, que marcará a passagem da infância à juventude, e somente se o jovem *abandona* o pai e a mãe poderá, mais tarde, usufruir do *abandono* confiante nos braços da amada ou do amado.

Exatamente como Adão e Eva, que somente quando não aceitaram mais serem os jardineiros obedientes de um jardim alheio, que não tinha sido criado por eles, se prepararam para construir um todo *deles*, mais modesto mas *personalizado*, para poder usufruir das *próprias* flores, dos *próprios* frutos e das *próprias* plantas. E desde então, cada jardim fala pelos *próprios* jardineiros.

Uma pequena lágrima de nostalgia... pelo paraíso perdido... é permitida.

Nós psicoterapeutas ou pais ou educadores, não podemos prometer ou concretizar, para os nossos interlocutores, o *paraíso perdido*, mas podemos oferecer a eles um convite para que cultivem e façam prosperar o próprio *jardim pessoal.*

Podemos imaginar um jardim onde cresce apenas uma flor, mas que ela possua tudo dentro de si mesma, como nos ensina Emily Dickinson:

" Para fazer uma campina precisamos de um trevo e de uma abelha. E de um sonho. O sonho pode bastar, se as abelhas forem poucas. "

2A. IDEIAS PARA COLOCAR EM PRÁTICA (E SENTIR)

Com o exercício precedente, cada um foi encontrar e conhecer a própria *árvore*, para aumentar o conhecimento de si, através da procura de um lugar onde morar, nas raízes ou nos galhos, uma metáfora que serve para facilitar a distinção das próprias qualidades e portanto dos próprios papéis no interior do casal. Reconhecerem-se para se apreciarem na diversidade.

Com esse exercício, vamos mais além, chegamos a visualizar o efeito produzido pelo encontro das duas unicidades.

1. A proposta é retomar a árvore desenhada no exercício anterior, onde as qualidades foram escritas nas raízes e nos galhos. Ou pode-se pedir ao casal que desenhem juntos a própria árvore (desenho conjunto), onde cada um se posiciona nas raízes e nos galhos e escreve as qualidades típicas das raízes e dos galhos, para que fiquem bem visíveis.

2. A partir da árvore assim composta, ou seja, habitada pelas diversas qualidades dos parceiros, pode-se realizar *o encontro* que ocorre *no tronco*, com a troca das qualidades. Um de cada vez, com um gesto colorido, pega uma qualidade do outro que aprecia para levá-la para a sua morada, depois leva uma qualidade sua para o outro, com gestos pensados no sentido de *dar* e *receber*, cada um subindo e descendo para realizar, no tronco, a troca das qualidades: cada um, por sua vez, torna-se aluno e mestre do outro.

3. Qual é o resultado? O resultado é ver que o tronco, as raízes e os galhos se enchem de novas cores, de novas qualidades e de uma nova vida. Pelas raízes se sobe para chegar até os galhos para se oxigenar, se renovar, voar... Pelos galhos se desce para chegar lá embaixo e enraizar-se, acalmar-se, nutrir-se... O efeito é poder ver novas árvores, árvores transformadas, mais habitadas, mais ricas, personalizadas.

Para prosseguir com a experiência de dar e receber, e assim tornarem-se cada vez mais autônomos na sua viagem amorosa, fazemos a proposta de ir do plano simbólico ao plano emocional, de declarar-se, dia após dia, o que se aprecia no outro. Assim, este jogo pode continuar em casa, cada um com a tarefa de escrever no próprio caderno: *"hoje eu amei, apreciei em você..."*. Para ativar um olhar amável, basta apenas um objeto de interesse por dia, suficiente para que se construa o próprio livro, com a própria história de amor, para reconhecê-la e usufrui-la.

2B. AS FORMAS E A CORES DOS COLEGAS PRESENTES

3. A VOZ NARRADORA (PARA OUVIR)

Sétimo encontro: a responsabilidade pela busca da beleza ou um manual para jardineiros perfeitos.

O trabalho continua. Pensar com a respiração no movimento que gostaria de executar, sentada aqui nessa sala. Uma dança desenfreada, até o respirar me parece difícil. E ainda a árvore, o desenho no qual trabalhar. Árvore: raízes e galhos. A minha árvore. Escrever as qualidades das raízes e dos galhos para facilitar o seu encontro no meio do caminho. O tronco possante e nodoso percorrido pelo tempo e pelos anos de vida em comum é o lugar especial, a intimidade secreta conhecida apenas pela árvore. Só a árvore sabe do tesouro, alegria escondida para defender. E as raízes e os galhos conversam sobre o imenso valor que a árvore protege e agradecem e se agradecem um ao outro. Eles são a árvore: vão cobrindo-a por meio do gesto da mão que desenha a continuidade na folha de papel, entre o verde florido dos ramos que ficam marrom avermelhados de força. Eu sou a jardineira que poda, arruma, rega a terra, arranca as ervas daninhas. Todo dia é verão e inverno.

Extraído do diário redigido após a experiência

Vermelho. O abandono no Prazer da Intimidade e no Silêncio do Jardim.

Desde que começamos a desenhar todas essas árvores me veio à mente o baobá do Pequeno Príncipe. Pensava na árvore a desenhar e via os ramos e as raízes do baobá.

"Crianças, prestem atenção ao baobá".

Os baobás também precisam de cuidados, como os jardins, os planetas, as pessoas.

Uma floresta urbana, continuo a pensar. Uma floresta que se adapta à cidade com a qual está a conviver.

A raposa que se deixa domesticar pelo Pequeno Príncipe.

A minha árvore, na troca dos gestos de dar e receber, desenha intrincados cabelos verdes e raízes nodosas na direção do céu. A minha árvore não foi ao cabeleireiro. Não é uma árvore domesticada? Pergunto a mim mesma, enquanto desenho a outra árvore: Vanna diz que se parece muito comigo. Já essa aqui foi ao cabeleireiro: tem os galhos esticados e em ordem, dentro de contornos nítidos. Eu nunca consegui domesticar os meus cabelos.

A solidão domesticada é sempre um Pequeno Príncipe em um livro de um analista francês.

Isso também quer dizer crescer. É uma questão de disciplina.

E estamos quase no fim desse percurso através de imagens. Há quadros que alguns já penduraram nas paredes.

Vanna também percorre de novo a estrada da árvore: aqui perto estão as fotos do nascimento, florescimento e a abertura da árvore da vida. Nota-se o movimento, a construção: ninguém está completo.

O importante é sabê-lo; o importante é saber onde se está.

Todos os desenhos irão compor uma história. A nossa.

4. A PAUSA NA ARTE (DE VER)

"Silêncio interior"
Foto de Henri Cartier-Bresson

5. O ENCONTRO COM A CULTURA (PARA CHEIRAR)

O "cuidar"

O primeiro a nos falar de "cuidado" em termos filosóficos é Heidegger,[65] segundo o qual o ser humano é, pela sua natureza, predisposto ao cuidado, enquanto cultiva a sua vida considerando a si mesmo e as coisas que tem ao redor como objetos de "Cuidado", para habitar com satisfação e plenitude no tempo e no espaço da própria existência. Por "Cuidado" ele entende um modo de dar forma à existência, e portanto é algo que dura a vida toda. E faz distinção entre os dois significados do termo "cuidado": o cuidado como "ocupar-se de e preocupar-se com" e o cuidado como "dedicação, devoção",[66] como se nos apresentasse o cuidado como necessidade para sobreviver, mas também como escolha

[65] Heidegger M., *Essere e tempo,* Longanesi, Milano, 1976.

[66] Ibidem, p. 248.

para melhorar a própria existência, escutando o desejo de sermos sujeitos criadores da nossa própria história.

O cuidado materno

Essa segunda concepção de Heidegger nos faz voltar à ideia original de cuidado, ao arquétipo do cuidado, que é a relação materna, a primeira relação de cuidado por excelência.[67]

Cada mãe, *"suficientemente boa"*[68] que cuida dos pequenos nutrindo-os e acariciando-os, com a preocupação de dar-lhes a autonomia e a capacidade de tomarem conta de si e das coisas, e mais tarde das pessoas, é geradora de bem-estar e de capacidade de cuidado. A prática do cuidado se realiza então ao proteger e promover a capacidade de ser, de crescer e de se realizar do indivíduo. Onde se encontra a função geradora da ação de cuidado? Encontra-se no *desejo* de cuidar que move a mãe. O que ela recebe em troca do seu dar gratuito? Recebe o sentido de ser mãe, capaz de cultivar a vida, recebe a satisfação em cuidar da vida, impelida pelo amor à vida.

Quais são os instrumentos do cuidado? São o escutar e o olhar para si mesma com muita atenção, para se sintonizar com as necessidades do outro e com os seus modos personalizados de manifestar a sua vontade de existir e de crescer.

O cuidado consigo mesmo

Como tornar-se um autor, ator, arquiteto e compositor com habilidade para dar forma e voz à própria vida e à qualidade das próprias relações? Cuidar de si mesmo é como aprender a arte de viver, ou seja, de criar a própria obra de arte, com o tormento e a atenção que tem o artista quando cria e depois observa a sua obra, guiado por pensamentos e sentimentos que não são decifráveis nem descritíveis, mas visíveis na obra em si. Cuidar do próprio pensar e sentir diz sempre respeito à curiosidade de cuidar do outro, do seu pensar e do seu sentir, processo através do qual podemos melhorar a consciência de nós e do mundo.

[67] Muraro L., *L'ordine simbolico della madre*, Editori Riuniti, Roma, 1991.

[68] Winnicott D.W., *Dal luogo delle origini*, Raffaello Cortina, Milano, 1990.

O cuidado com a beleza

"*É bem estranho que todos os grandes progressos científicos tenham ocorrido sob o signo da elegância*".[69]

Por que todos nós, seres vivos, somos predispostos dessa maneira a tender para a beleza, a criar pensamentos e objetos caracterizados pela beleza, e a procurar a beleza fora de nós?

É uma questão antiga, e talvez ainda misteriosa, que a Divina Comédia de Dante e a Pietà de Michelângelo possuam uma beleza fora do tempo e do espaço.

Assim como a melodia, que não é reduzível a um conjunto de notas, mas que se baseia na consonância entre elas – "*procuro as notas que se amam*", dizia Mozart – também uma obra qualquer vai além dos elementos que a compõem; trata-se do primeiro nível de um *encontro* entre as partes, que nunca é casual mas sim harmônico. Em um segundo momento, é necessário que haja um olhar que a colha para que a beleza exista, é necessário que haja um *encontro* entre a obra e quem a observa.

"Nem todos são artistas, mas cada um pode experimentar a tranformação do próprio ser, transfigurado pelo encontro com a beleza; tanto é verdade que a beleza suscita outra beleza, ampliando-a, elevando-a."[70]

Gosto de pensar na beleza como um dos critérios interpretativos da vida: apreciando a beleza de uma flor, da plumagem de um pássaro, de uma cascata, aprendemos a reconhecer o nosso pertencimento à natureza. Não é um determinado objeto que é *belo*, mas a nossa *relação* com aquele objeto. Ao apreciar a beleza que está ao nosso redor, reconhecemos uma semelhança, a "estrutura que nos conecta" àquilo que observamos.

"A nossa apreciação é na mesma medida uma apreciação da sua semelhança com nós mesmos".[71] Aqui nós estamos falando de estética e podemos falar em poder desfrutar da beleza que há em nós e fora de nós. Cada ser humano é dotado da capacidade de beleza e do desejo de beleza.

[69] Ibidem, p. 32.

[70] Cheng F., (a cura di Guido Brivio), *Cinque meditazioni sulla bellezza*, Boringhieri, Torino, 2007, p. 70.

[71] Bateson G.(1979), *Mente e natura. Un'unità necessaria*, Adelphi, Milano, 2008, p. 173.

O cuidado com o nosso lixo

"Durante o século vinte produzimos uma grande quantidade de sofrimento. Criamos muitas guerras, muito sofrimento, discriminação e morte. (...) Como podemos amontoá-lo e transformá-lo em adubo, de modo que as flores do século vinte e um possam desabrochar?".[72] Ocuparmo-nos do lixo que produzimos é com certeza um grande trabalho, e se conseguirmos cuidar dele, veremos que se transformará em uma flor.

Sabemos que os jardineiros não jogam fora o lixo, e sim conservam-no, pois com o tempo ele se transformará em adubo e servirá para fazer crescer as flores; é como se os jardineiros fossem capazes de ver as flores no lixo. Portanto, o lixo é capaz de se transformar em flor e as flores de se transformarem em lixo: ambos são realidades vivas, e precisam uma da outra.

Todos nós conhecemos pessoas que, no início, se amam muito; acreditam que não conseguirão sobreviver sozinhas. Agarram-se uma à outra porque acham que o seu amor é o único elemento que pode ajudá-las a sobreviver. Mas depois de um tempo, se não sabem como conservar o seu amor, se não sabem como cuidar dele, começam a se zangar uma com a outra e o seu amor se transforma em ódio. Este é um tipo de flor que se transforma em lixo. O *sofrimento* é o seu lixo, mas se conseguirem cuidar bem dele, também serão capazes de fazer com que desabrochem de novo as suas flores, as *flores* da paz e da atração. Portanto, estarmos vivos, assim como a flor e o lixo, significa nascer, crescer, envelhecer e morrer e a seguir continuar o ciclo vital, pleno de mudanças contínuas.

"Mas (...) há diferença entre *flor* e *florescimento.* A flor pode morrer, mas o *florescimento*, não. Ainda que uma flor se transforme em lixo, sabemos que poderemos ter novamente uma flor. (...) o *florescimento* não é uma coisa, é a natureza de uma coisa."[73]

Como sermos bons jardineiros, para sermos bons cuidadores, capazes de cultivar a semente e fazer florescer e reflorescer uma flor?

O cuidado com o acolhimento

A primeira proposta é trabalhar o esvaziamento, quando se está cheio de si, oferecendo *espaços vazios* (eu ofereço uma folha em branco)

[72] Hanh T.N., *Discorsi ai bambini e al bambino interiore*, Astrolabio, Roma, 2002, p. 40.

[73] Ibidem, p. 58.

para acolher com humildade o outro. Humildade no sentido de que todos nós temos algo de novo a aprender todo dia; assim, acolheremos com curiosidade o outro, utilizando linguagens sensíveis ao encontro, à surpresa, ao belo, tais como a cor, o desenho, a escrita...

A segunda proposta é escolher uma *comunicação discreta*, tal como a define Whitaker, que sempre gira em torno do não verbal, que tem a vantagem de fugir ao confronto simétrico, de afirmar e não negar nunca, e pode ser usada de forma delicada para tocar as expectativas mais profundas, das pessoas e da família inteira.[74] Essa linguagem requer muita coragem do terapeuta, que deve esperar a produção da sua criatividade e daquela do cliente. É dessa expectativa, diz Whitaker, que nasce "a *linguagem generosa* do processo psicoterapêutico."[75]

A terceira proposta é acolher as pessoas privilegiando o *encontro*. O encontro com nós mesmos, antes de mais nada, e a curiosidade que nos interroga.

"Se penso em saber desde já o que estou fazendo, paro de me interrogar, paro de ter cuidado com as palavras", nos sugere Laura Formenti.[76]

E a seguir o encontro como cuidado e atenção com o relacionamento. *"Este é, para mim, o objetivo principal da formação em práticas de tratamento. Não a aquisição de técnicas, ... mas a construção de uma relação harmônica (e pessoal) entre práxis e teoria, entre si mesmo e o próprio agir"*.[77]

A atmosfera que se cria nessa comunicação que privilegia o não verbal é a que Bateson reconhece como um espaço "sagrado" gerador de consciência através do não uso da palavra. O "sagrado" não pode ser conhecido, pode apenas ser *reconhecido* e aceito. O sagrado é a conexão total.[78]

Como já consideravam os filósofos gregos, o *sagrado* está conectado à *beleza*. E a beleza é sempre portadora de *bondade*.

[74] Whitaker C.A., *Il gioco e l'assurdo. La terapia esperenziale della famiglia,* Astrolabio, Roma, 1984.

[75] Ibidem, p. 207.

[76] Formenti L. (a cura di), *Attraversare la cura. Relazioni, contesti e pratiche della scrittura di sé*, Erickson, Trento, 2009, p. 8.

[77] Ibidem, p. 11.

[78] Bateson G. e Bateson M.C., *Dove gli angeli esitano. Verso una epistemologia del sacro,* Adelphi, Milano, 1989, p. 224.

O cuidado com o abandono

O abandono nos silêncios da intimidade é a conquista mais ambiciosa, quer se refira ao casal paciente/terapeuta, quer se refira ao casal conjugal, de amigos ou em todos os outros tipos de casal nos quais vivemos. O *despertar do abandono* existe quando escolhemos *nos abandonar* nos braços da pessoa amada, como se evocássemos o primeiro abraço com o qual fomos acolhidos na vida.

Para gozarmos dos efeitos benéficos, temos que escolher não sofrer o *abandono*, mas sim de segui-lo, de transformar a forma passiva em uma forma ativa, a fim de que ocorra o *abandono*, que se transforma em *um deixar que*... Uma escolha ativa de crescimento e de autonomia, com a alegria de "ficar à espera" de aprender, para depois *abandonar* a proteção!

Eu acho fascinante a proposta de Heidegger a respeito desse tema, onde ele nos indica que o "sermos deixados" é o primeiro momento do abandono, que nos coloca "à espera" de sermos acolhidos, o abandono é como a espera, "como se".[79] Portanto, aparentemente, por um instante, ficamos mais pobres, mas na realidade nos tormamos mais ricos em ocasiões, quando o ser humano se "confia a...".

O abandono deve ser visto como oportunidade para novas aberturas, como estado de extrema confiança, como estado de êxtase.

> *"Amo você não apenas por aquilo que você é, mas por aquilo em que eu me transformo quando estou com você."*
>
> R. Croft

[79] Heidegger M., *L'abbandono*, (1959), il Melangolo, Genova, 2006, p. 64.

Capítulo 8 – Oitava fase

A *subida* ao topo da cascata, renovando promessas, projetos e sonhos

1. IDEIAS PARA A VIAGEM (CHUVA DE IDEIAS)

Água e terra, juntas, produzem uma pasta. A mistura fornece uma experiência primária da matéria. Libera a mente do problema das formas. Nela, a forma está apagada, dissolvida, excluída para depois renascer. Na mistura a ação da água é evidente. Ela dilui os ingredientes e quando penetra verdadeiramente na terra, quando devora a terra, quando leva à terra o princípio em si da fecundidade calma, lenta, segura, somente agora a experiência da ligação tem início e a forma começa a emergir da vegetação sonhadora e amorfa. A água, na mistura, é vivida na sua ambivalência ativa, no seu papel emoliente e aglutinante, na sua potência dissolvente e agregadora.[80]

São tantos os projetos criativos que permitem ao casal experimentar-se para depois partir para os projetos comuns, como o cuidado ou a construção da casa, a criação dos filhos, o cultivo das paixões e dos sonhos.

Sonhar juntos cultivando a imaginação significa exercitar uma competência que vimos ser o primeiro recurso que a criança utiliza para curar a ausência da mãe.

Imaginação vem do grego *phantasia*, que por sua vez deriva de *phós*, que significa *luz*.

Ter imaginação é como buscar um novo modo de *ver*, é ir além de si mesmo para pegar emprestado também o ponto de vista do outro, graças a objetivos comuns, rumo ao futuro.

[80] Bachelard G., *Psicanalisi delle acque, purificazione, morte e rinascita*, trad. it., Como, 1992.

Os objetivos comuns dão movimento, direção e sentido ao casal; sejam aqueles que vão no sentido do futuro, sejam aqueles ligados ao cotidiano, para cultivar através dos rituais e da brincadeira, para exercitar a cumplicidade, a leveza e o prazer de fazê-lo juntos.

Mas também pode-se ir na mesma direção por estradas diversas e trilhas personalizadas e chegar ao topo, o importante é que não seja imposto ao outro o próprio caminho.

No início da nossa viagem amorosa, dizemos: "quero sair com você", e depois, com os anos, esperamos poder dizer: "quero voltar para casa com você"; em ambos os casos o projeto é dar uma casa para a *intimidade* e escolher deixar de fora o "terceiro incômodo" e todos os olhares desagradáveis, mensageiros invisíveis mas insidiosos dos personagens da própria família de origem.

A intimidade, inicialmente, deve ser criada e depois amparada e protegida com muita atenção; a intimidade deve ser vista como a semente geradora do amor. A intimidade deve ser vista como a condição original e paradisíaca do ser humano, onde se tem a sensação de sentir que todas as necessidades foram satisfeitas.

O calor da intimidade não nos é dado, não é um paraíso onde se encontra de graça a felicidade, é uma conquista, que começa com a expulsão do paraíso/da família de origem para poder criar a *própria* família e inventar o próprio percurso amoroso, a própria fábula.

E como em todo conto de fadas que se preze, existem obstáculos a superar, monstros a enfrentar, inimigos a desafiar e ajudantes a encontrar, para dar prova de uma grande coragem e de altas aspirações.

A viagem amorosa do casal dura a vida toda?

Quando para de brincar, de sonhar e de planejar juntos..., o casal pode também hipotetizar uma *separação saudável*. Como imaginar uma "separação saudável"?

Quando cada parceiro faz as pazes com o seu companheiro de viagem antes de se despedirem, antes de tomarem caminhos diversos. O fim de uma viagem amorosa é marcado não pela destruição, mas pelo acordo.

O drama dos casais não é a separação, mas a guerra!

A guerra que se prolonga e com frequência se torna ainda mais devastante depois da separação.

O segredo do amor-que-cura? Talvez aceitar encontrar a si mesmo e ao outro em todas as etapas da viagem amorosa, reconhecendo como boas todas as mudanças que o *encontro* consigo e com o outro suscitam.

A arte do encontro: Talvez esteja em pensar que caímos juntos e nos levantamos juntos, como dizem os mais velhos: "é como se fôssemos anjos de uma asa só, então precisamos de outro anjo por perto, para poder voar".

Viajamos todos em busca do amor, desde sempre, e quando duas personas se encontram nessa zona, é como se tivessem entrado em um espaço sagrado, que deve ser habitado, amparado e... sonhado.

2A. IDEIAS PARA COLOCAR EM PRÁTICA (E SENTIR)

Exercício 1

A primeira proposta é festejar essa viagem amorosa, que atravessou diversas paisagens e superou diversas provas, em um *monte*, o símbolo por excelência das altas aspirações, para reconhecer as conquistas feitas e os objetivos atingidos e ainda por atingir.

1. Em um primeiro momento pede-se ao casal que desenhe, cada um em uma folha separada, ou ambos na mesma folha, o próprio monte, com as formas, as cores e a altura que se desejar.
2. Em um segundo momento, a proposta é que se coloquem cada um de um lado da montanha e desenhem ou nomeiem com as palavras os próprios objetivos e os próprios sonhos pessoais, e depois desenhar os projetos e os sonhos que cada um atribui ao parceiro (se o desenho é individual) e por fim, no topo desenhar o projeto comum ou os projetos comuns importantes para o casal.
3. No fim pede-se ao casal que olhe para os desenhos e narre-os, para compartilhar as aspirações, as ambições e os sonhos, que vão sempre rumo ao futuro, para que se abram novos cenários para o casal ou para prosseguir com os projetos comuns já compartilhados.
4. O objetivo é sempre o de criar uma atmosfera de brincadeira, de cumplicidade e de alegria, com o sorriso do autorreconhecimento.

Exercício 2

Com a segunda e última proposta construiremos, ao fim da nossa viagem amorosa, *o jardim das belezas*, para reconhecer o seu próprio jardim como o mais belo!

Por que é o mais *belo*? Porque é o *próprio*, escolhido e personalizado.

1. Pede-se ao casal que faça uma colagem com todos os exercícios feitos durante o percurso, um quadro que, como uma obra de arte, narra essa viagem amorosa.
2. Em um segundo momento, pede-se que olhem para o próprio quadro, que o modifiquem se houver necessidade, acrescentando ou retirando, até que fique agradável e belo.
3. Depois pede-se que escrevam a própria história de amor, com ligações, confrontos, emoções, invenções e ideias suscitadas pelas imagens, uma criação que permanererá secreta e portanto compartilhada apenas entre os dois parceiros.
4. No fim, pede-se que extraiam da narração uma breve história, que começa com um: *"Era uma vez... e depois... e no fim..."* e que tem como protagonista um personagem escolhido, aquele que chamamos comumente de herói, símbolo da individualização, e outros símbolos escolhidos para revelar partes de si e qualidades que de outra maneira estariam invisíveis; uma história transformadora para quem a narra e para quem a escuta porque, como toda obra de arte que é criada com o coração, fala aos corações.

2B. AS FORMAS E AS CORES DOS COLEGAS PRESENTES

3. A VOZ NARRADORA (PARA OUVIR)

Último encontro: a responsabilidade da busca pela beleza.

Essa experiência é como uma viagem. Uma aventura: você parte e não sabe o que lhe acontecerá. Sabe que deve estar alerta, concentrado. Às vezes se sabe qual será a meta, às vezes se viaja sem saber aonde se vai chegar. “Pela mesma razão da viagem, viajar” (De André). Viajar. Mudar. Disponibilidade.

A aventura de uma excursão na montanha: a preparação, o cansaço ao caminhar, o levantar dos olhos para ver o topo e também a beleza de lugares onde pode-se perder o fôlego. Não é uma viagem que se faça sozinho. Desenhar isso tudo e, enquanto o perfil de um monte torna-se o centro da folha, ver também aquilo tudo que nenhum outro verá no desenho. O visível e o invisível: a minha possibilidade de narrar de outra forma. O passado, o presente e o futuro: isso só eu sei.

E depois a brincadeira de contar histórias. Colocar juntas as imagens da própria história e narrá-la de modo diferente a cada vez. Inventá-la a cada vez e escutar a si mesmo, enquanto se narra. E surpreender-se de novo. “É a minha história e posso fazer dela o que eu quiser”. Tantas histórias.

A viagem do reconhecimento, do reconhecer-se; do reconhecimento que se transforma em gratidão chegou à ultima estação. É a última etapa de uma viagem que não acaba nunca. É o lugar da gratidão que também permite o perdão, já que se pode escolher. Mas antes é necessário dizer obrigado.

Extraído do diário:

Vou-me embora

Vou-me embora e já me ponho a caminho, de qualquer forma sei que estou ali.

A experiência de ter tempo para si no cotidiano. Fazer uma pausa para um ritual sem se sentir tão diferente.

Manejar lápis de cor e folhas, como na escola.

Vou-me embora revigorada, porque estou dividida e reconhecida nos outros, na vontade de aprender. E de arranjar, para isso, o tempo necessário.

A paciência: um pouco, ao menos.

Lápis coloridos: agora sei que estão ali.

A vontade de tentar de novo: ainda tenho tanto a aprender.

A curiosidade.

O deslumbramento.

Tantas perguntas, mas está tudo assim.

Tantos desenhos meus, retratos que não sabia que tinha. Como o material de um contador de histórias, que pendura seus quadros na parede e narra uma história diferente a cada vez, mas que é sempre a sua.

Vou-me embora e levo comigo a imagem de uma dança leve e graciosa.

A poderosa beleza da simplicidade de todos os desenhos do mundo, que cobrem o chão da vida como um tapete, e nele os meus desenhos se confundem com os dos outros.

A esperança de que, se levo comigo tanta coisa assim, alguma coisa devo ter dado: o dar e receber que renovam a relação.

Obrigada.

4. A PAUSA NA ARTE (DE VER)

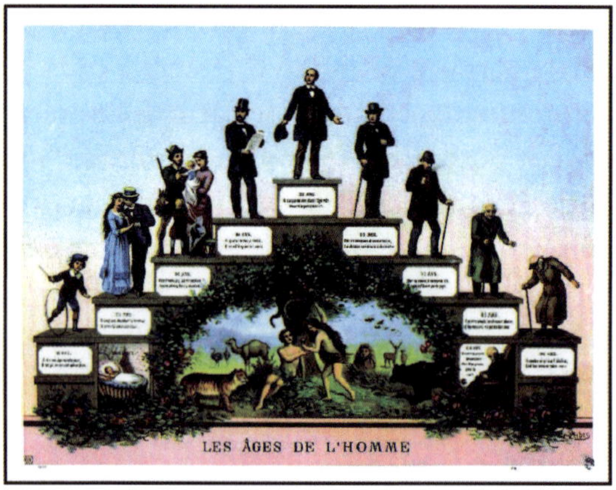

"As idades do homem"

"As idades da mulher"

5. O ENCONTRO COM A CULTURA (PARA CHEIRAR)

O ciclo vital da família

O que é o estado de saúde? "É uma condição de perpétua transformação, não se chega nunca verdadeiramente à meta nem se completa a viagem" (WHITAKER, 1989).[81]

Por isso, o casal saudável é um sistema em movimento, como vimos nos capítulos anteriores.

E vimos também que, nesse movimento, a dança dos seus componentes não é casual: existem regras, estratégias e esquemas. As regras com frequência se encontram escondidas, mas mesmo assim são muito potentes e servem como guias.

Enquanto o casal percorre o ciclo vital, está livre para mudar, se adaptar e crescer e pode usar as *novas circunstâncias* como uma *oportunidade* ou como uma *ameaça*.

A cada nova passagem do ciclo vital, de fato, se verifica a entrada ou a saída real até mesmo psicológica de um elemento.

Segundo Haley (1973),[82] quando uma família não consegue efetuar uma mudança e se bloqueia em determinada etapa do ciclo vital, interrompendo a sua evolução, nascem os sintomas, a cargo de um ou mais membros da família. Assim, o objetivo da psicoterapia é reativar o crescimento da família, que se evidencia com a passagem à fase sucessiva do ciclo vital.

As etapas normais do ciclo vital estão descritas a seguir.

O período do namoro

É o período no qual se passa da adolescência à idade adulta. O jovem deve adquirir competências relacionais e utilizá-las na sua vida social, deixando a base segura oferecida pela família para enfrentar experiências de estudo, de trabalho, sentimentais, que comportam um distanciamento físico ou emotivo dos familiares.

[81] Whitaker C., *Danzando con la Famiglia – Un approccio simbolico-esperienziale*", Astrolabio, Roma, 1989, p. 150.

[82] Haley J., *Terapie non comuni*, Astrolabio, Roma, 1973.

O casamento e as suas consequências

Uma tarefa muito importante será estabelecer a distância emotiva certa das famílias de origem, construindo um novo tipo de relacionamento com os pais, os irmãos e os parentes por afinidade, com a finalidade de ter um espaço no qual experimentar a própria intimidade e a própria autonomia de uma pessoa adulta. A intimidade dá trabalho e aumenta com o tempo, através de brigas e compartilhamentos.

Nascimento e educação dos filhos

O nascimento de um filho, principalmente do primogênito, produz várias mudanças no sistema familiar. Muitos acordos estabelecidos no primeiro período do casamento precisam ser revistos e sofrem mudanças, assim como os modelos transacionais que funcionavam antes, em virtude do fato de que passou-se de um esquema relacional a dois para um a três.

As dificuldades do período central do casamento

Um das fases críticas do período central do casamento ocorre quando os filhos começam a ir para a escola; é o primeiro teste que a família deve enfrentar de verdade no âmbito da sociedade, que a julga com base na educação dada ao filho.

A criança, com o seu comportamento adequado ou inadequado, é o símbolo do sucesso ou do fracasso da família, que só agora pode verificar os progressos efetuados na educação do filho e a validade (ou não) das próprias regras.

A crise da adolescência também pode ser vista como uma luta entre pais e filhos para manter as velhas posições hierárquicas no interior do sistema familiar, com respeito a solicitações de crescimento e de mudança por parte do adolescente.

A emancipação dos filhos em relação aos pais

O movimento de emancipação dos filhos em relação à família de origem deve ser encorajado pelos pais, que devem enviar mensagens incentivadoras e de estima, comunicando ao filho, através de comportamentos e de escolhas, que ele está preparado para obtê-la.

Família perdida, casal reconquistado

Quando o último filho deixa a casa, os limites familiares que tinham se dilatado para incluir a presença de filhos adolescentes e adultos, agora devem ser flexíveis para reajustarem-se de novo em volta do casal original, para superar a "síndrome do ninho vazio" e se preparar para uma reorganização de novos interesses, à espera de um possível papel de avós. A "perda da fertilidade" deve ser substituída pela aquisição de novos recursos e perspectivas.

A aposentadoria e a velhice

A aposentadoria produz mudanças na estrutura familiar a partir do momento em que a pessoa, concluindo a sua vida laboral, se encontra vivendo a maior parte do tempo relevante em família.

Em síntese, podemos dizer que cada uma destas fases requer uma reorganização da família e o alcance de um novo equilíbrio, com novos e frequentes ajustes nas relações e nos papéis dos seus componentes, até porque eles se veem enfrentando tarefas evolutivas sempre novas.

Os sintomas constituem um "alarme" que assinala à família a necessidade de uma mudança, que vá de um equilíbrio disfuncional, normalmente uma suspensão de uma das fases do ciclo vital, que se torna insustentável, a um mais maduro e estável, em condições de garantir o crescimento dos seus componentes.

Você precisa de alguém

Precisa de alguém que o respeite, o aceite e o ame.

Você pode encontrar essa pessoa e conhecê-la.
Alguém que o apóie, que o elogie, o encoraje e lhe dê confiança.
Alguém que o trate com amor.

Você precisa de alguém que lhe mostre o caminho para levar
uma vida mais fácil, mais simples e mais feliz..

Essa pessoa existe. E está bem próxima.
Essa pessoa é você.

-ANÔNIMO-

OS CASOS CLÍNICOS
Os casais nos contam tudo

CAPÍTULO 9

Quatro histórias clínicas

1. O "AMOR INFINITO" DE ELEONORA E FRANCESCO[83]

Numa noite de verão em que havia uma belíssima lua, Eleonora e Francesco se conhecem e se escolhem entre tantos jovens presentes, em um conhecido ponto de encontro de uma pequena cidade de província. E após serem trocadas poucas e intensas palavras descobriram-se loucamente apaixonados.

Depois de alguns meses Eleonora espera uma criança. As emoções como a alegria, o medo, o entusiasmo e a surpresa são fortíssimas para ambos. Aquilo que sempre haviam desejado aconteceu com tanta rapidez! Ao anunciarem a proximidade do nascimento as suas famílias também reagem, mas com o aturdimento misturado à felicidade e à preocupação. Eles ainda não têm nem trinta anos, são tão jovens! E estão juntos há tão pouco tempo!

Durante a gravidez, montam a casa graças à ajuda de uma das famílias de origem e surge a queixa da outra família, que não tem a possibilidade de contribuir como gostaria.

E antes até mesmo do nascimento da família deles, já tinha se originado a sensação de um desequilíbrio entre os avós a respeito de créditos e débitos, de afetos e dinheiro.

[83] O caso foi atendido pela Dra. Lidia Porri, Psicóloga, Psicoterapeuta com especialização sistêmico-relacional, Mediadora Familiar.

O pequeno Daniele, uma criança saudável e bela, chega trazendo uma alegria imensa aos pais, que no entanto se descobrem de repente casal e pais sem quase nem ao menos terem sido namorados. A responsabilidade e a educação da criança, a sua intimidade, o trabalho pesado, o cotidiano para administrar, o dinheiro e acima de tudo os avós, que ajudam demais ou quase nada, tudo isso aos poucos se torna terreno para contínuos dissabores e tensões.

E as brigas se tornam frequentes, eles se magoam um ao outro com as palavras e com os gestos ao ponto de algumas vezes colocar em dúvida a sua noção de estarem juntos.

Para ambos o sofrimento é enorme: detestam ver o seu amor, tão sincero e apaixonado, transformar-se em tanta raiva e azedume, principalmente por terem uma criança pequena para criar e o grande desejo de formar uma "família". A família tanto desejada por Eleonora, que sabe o que significa ter pais em conflito, tendo vivido e passado pela experiência da separação dos próprios pais e a falta do seu pai; e a família sólida e serena tanto desejada por Francesco, que busca um resgate depois da experiência de sofrer contínuas críticas por parte de uma mãe presente mas dura e triste e de um pai mais sintonizado com ele, mas ausente demais por causa do seu trabalho.

Dada a situação de mal-estar, decidem pedir ajuda.

A primeira fase da terapia se concentra na difícil decisão de permanecerem juntos ou de se separarem.

E logo após uma acurada análise da história de ambos os parceiros e do casal, e de uma precisa definição dos problemas do par, vem à tona o fato de que os bons sentimentos de amor prevalecem sobre a dor e o sofrimento causados pelo conflito, que diminui de intensidade e de frequência e permite a Eleonora e Francesco concentrarem-se nos recursos que servirão para a resolução dos problemas.

O propósito de ambos é claramente manter unido o casal e a família.

Entre os diversos problemas a encargo do casal – além da educação do menino, da gestão do dinheiro, da divisão das tarefas domésticas, do fato de Eleonora desejar sentir-se amada e coberta de atenções e de Francesco desejar sentir-se respeitado como homem, como pai e como chefe de família – o mais urgente parece ser o de se tornarem mais propriamente um casal, sendo parceiros e pais, e serem menos filhos.

Em outras palavras, é indispensável redefinir o papel das famílias de origem e a relação com as mesmas.

Estabelecemos assim uma segunda fase da terapia, adotando como instrumento o desenho, para que se possa delimitar ainda mais facilmente o elevado nível do conflito e consentir que os sentimentos falem através das imagens e dos símbolos.

Vamos então reconhecer Eleonora e Francesco graças à primeira PROPOSTA DO AUTORRETRATO dos parceiros e da carta que escrevem um ao outro.

Francesco representa a si mesmo com a figura do Rei da "Escalada de amor" e Eleonora como o Balãozinho de coração, leve e voador mas com uma "Grandeza imensa"

Palavras:

"Meu Querido Coração, agradeço-lhe por ter batido honestamente por mim"
"Querido Rei, obrigada pela sua amizade. Você me completa em tudo"

Eleonora imagina a si mesma através do símbolo da estrela borboleta "livre e reluzente" e imagina Francesco como um ursinho meigo e "preguiçoso".

Palavras:

"Querida estrela, já faz tempo que eu queria me desculpar por nunca ter visto o seu amor e agradecer a você por ser sempre assim tão doce"
"Querido ursinho, queria lhe agradecer por me fazer sentir segura. Com carinho, uma estrelinha"

Depois de reveladas as qualidades recíprocas ao cuidarem um do outro e do seu amor, é hora de dar visibilidade ao casal com a segunda proposta, ou o DESENHO DO *NÓS* DO CASAL, para que o casal possa ser reconhecido ao máximo como tal, por eles mesmos e pelos outros.

A narração do primeiro encontro os ajuda nessa tarefa, fazendo-os percorrerem de novo os momentos do nascimento da sua paixão para atualizar aqueles sentimentos, principal ponto de força da sua união, e que permitem manter viva e saudável a "chama afetiva" do casal.

Francesco desenha "o 8, o Infinito, como símbolo da união e do infinito, representando o todo. Infinito porque a nossa união é do tipo que dura até o infinito, porque teremos filhos que crescerão e levarão adiante a nossa família, infinitamente"

Palavras: "é único porque representa nós dois, é especial porque estamos juntos, é belo porque representa o infinito. Representa nós dois juntos, infinitamente.

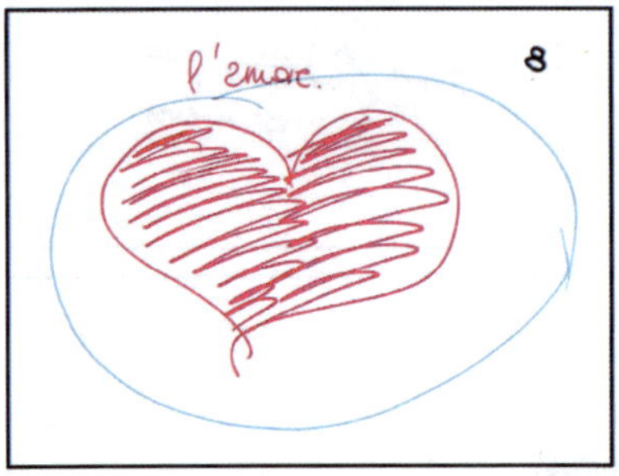

Eleonora, por sua vez, desenha o Nós com a imagem de "um círculo com um coração dentro: o amor, o infinito, a paixão, o fogo. É aquilo que se tem por dentro, que faz com que o seu coração bata, senão você não vive".

Tem um título simples e completo: "O amor".

Palavras: "é único porque é o futuro, é especial porque representa o nós, é belo porque é o amor".

Utilizamos os desenhos e observamos que eles suscitam as narrações do seu primeiro encontro: as palavras transmitem a explosão de cores e de emoções dos primeiros tempos. E os seus olhares estão repletos de doçura, paixão, brincadeira, ternura e cumplicidade.

Francesco: "É a história da abelha e da margarida: numa noite de verão, encontrei uma belíssima Lua, que me deu a possibilidade de pousar em uma Margarida, uma lindíssima Margarida..."

Eleonora: "Quando conheci Francesco pela primeira vez disse a mim mesma: "ele é o homem da minha vida" e a partir dali comecei a circular em volta dele, para que ele me notasse. E foi o que aconteceu. Perguntei-lhe se gostaria de beber e ele disse que não bebia, mas aceitou me acompanhar. Assim que entramos no bar, ele fugiu. Quando nos reencontramos, briguei com ele, pedi-lhe um isqueiro e o joguei em uma fonte, só de implicância, mas já sabia que ele era meu e a partir daí tudo nasceu. Recordo o primeiro beijo, às quatro da manhã, a sua casa, com horas e horas de conversa, o casaco com o seu perfume e eu que me sentia no sétimo céu.

Eu me sentia voando. Sim, sim, sim, sim".

Na consulta seguinte, chegam serenos e particularmente afetuosos. Pergunto sobre as mudanças observadas desde o último encontro, e Eleonora, sorrindo para Franscesco com um olhar cúmplice, declara que têm uma bela novidade: estão esperando outro bebê!

Os medos e as incertezas de então se transformaram em consciência e em uma maior maturidade e experiência, permitindo assim que a alegria e o compartilhamento do futuro juntos pudessem se manifestar plenamente.

A sua sensibilidade e perspicácia são tais que imediatamente percebem que ao mesmo tempo outra gravidez aconteceu: a da terapeuta deles!

Para que a beleza dessa fase não seja anulada pela ira e pelas tensões, decidimos proceder a uma análise ainda mais profunda dos episódios de raiva e da sua origem.

A proposta é ESCOLHER uma pessoa próxima, como por exemplo UM DOS PAIS, QUE PROVOQUE OU TENHA PROVOCADO RAIVA NO PASSADO. Francesco escolhe a mãe e expressa inicialmente toda a raiva que sente dela através do Desenho Analógico.

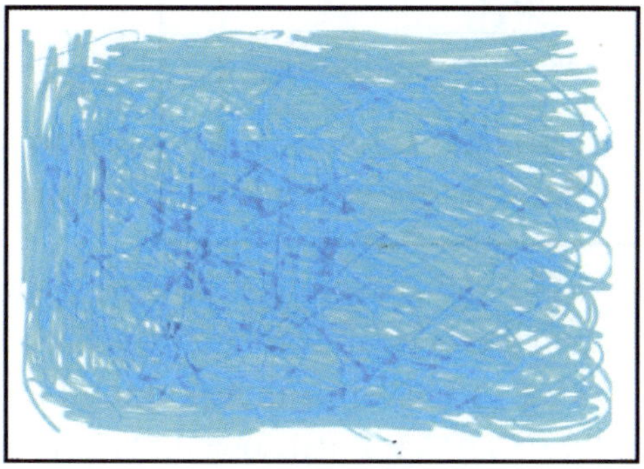

A seguir, vamos expressar em palavras os motivos das acusações feitas e representá-las com um símbolo.

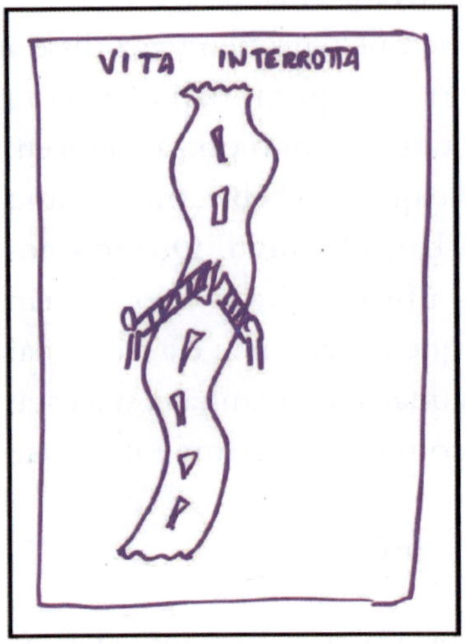

Título do desenho: "Vida interrompida"

Palavras do "*Estou zangado com você porque*":

"você nunca confiou em mim, sempre me criticou, sempre me ofendeu, sempre zombou de mim, sempre duvidou de mim, me abandonou à dor, mesmo quando eu estava feliz por você isso não era importante, sempre me fez ver o mal e nunca o bem, para você eu sou um inútil, você é minha mãe e não posso mudá-la!"

A SEGUIR, A *ACUSAÇÃO* É TRANSFORMADA EM *SOLICITAÇÃO*:

Título do desenho: "O mal e o bem"

"O que posso pedir a você:
respeito por mim e pela minha família, mas sobretudo pela minha vida, que você me olhe nos olhos mesmo sabendo que está errada, que não vai parar nunca de pensar em mim, mesmo quando não estiver mais aqui, que para você sou o único filho homem, e que me trate como uma pessoa que já entendeu que errou.

E sucessivamente A SOLICITAÇÃO É TRANSFORMADA EM *APRECIAÇÃO*: Palavras do "Aprecio você porque":

"Visto que você não confiava em mim, pude sentir na própria pele o que eu poderia enfrentar no futuro, você me criticou porque eu tinha que melhorar, talvez porque eu tivesse que entender que a ofensa dos outros valia menos, você zombou de mim para me fazer entender que o mundo gira e não apenas a minha mãe, mas os outros também o fazem sempre, para que eu atingisse um objetivo, para que eu levasse adiante algo de importante, porque eu entendi que as drogas fazem mal, e assim como entrei nesse mundo, saí dele, porque você fez algo por mim."

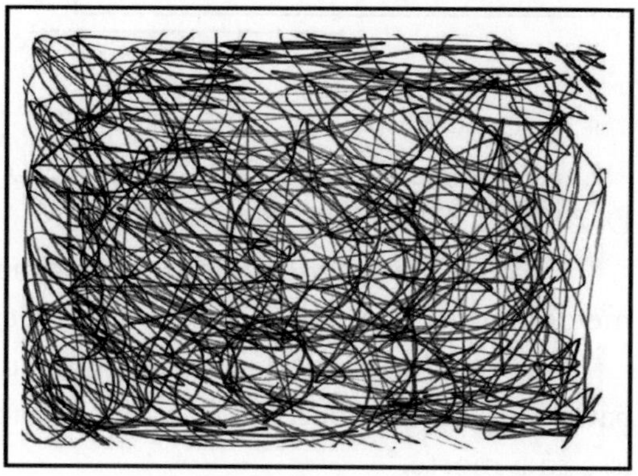

Seguindo o mesmo processo enfrentado por Francesco, Eleonora escolhe o pai como principal destinatário da própria RAIVA, expressada inicialmente através do Desenho Analógico.

A seguir, as emoções são traduzidas em palavras, no texto

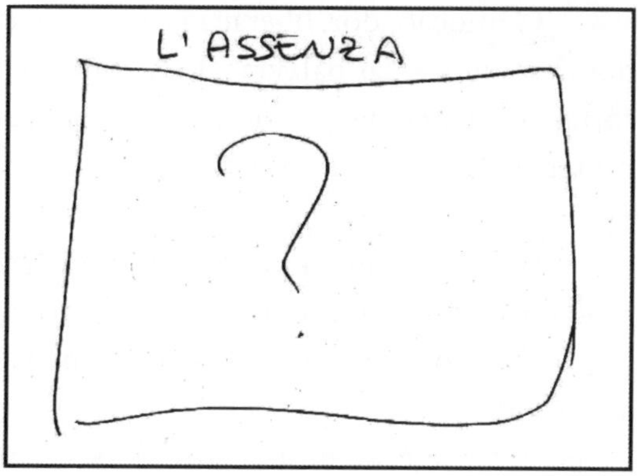

"ESTOU ZANGADA COM VOCÊ PORQUE":

Título do desenho: "A ausência"

"Papai, estou zangada com você porque você me abandonou, me desiludiu, me humilhou, me feriu. Tirou a minha alegria de amar e de saber o que quer dizer ser amada. Você me esqueceu, magoou a minha mãe e os meus irmãos, nos deixou sozinhos sem pensar no vazio e nos problemas que nos causaria. Você constituiu outra família esquecendo-se de nós: como isso foi possível? Você partiu o meu coração em mil pedaços, logo comigo que sempre o amei e que nunca desejei outra coisa que não fosse ser a sua princesa".

E depois a história é transformada em *Símbolo*.

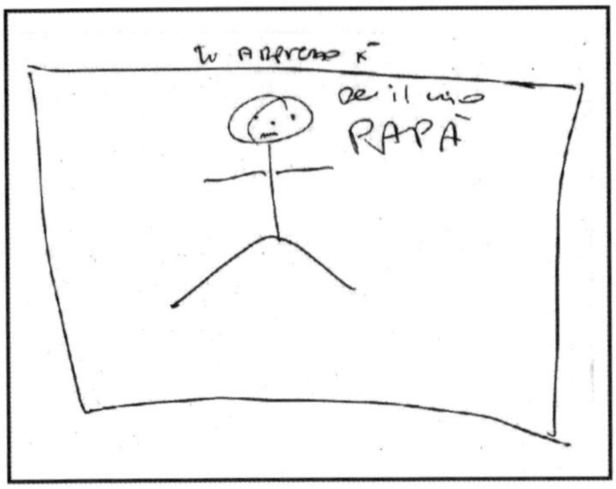

AS ACUSAÇÕES SÃO TRANSFORMADAS EM *SOLICITAÇÃO*:

"Queria estar com você, abraçá-lo bem forte e ouvir-me dizer: "estou aqui, tranquila!". Gostaria de rir, de brincar, de me sentir segura e protegida. Gostaria de contar com você, de receber mimos e de carícias."

AS PALAVRAS DO "*APRECIO VOCÊ PORQUE*", PARA DIZER O QUE FOI APRENDIDO:

"Você me abandonou e eu aprendi a não confiar nos homens. Você me desiludiu e aprendi que nem todos eles são assim.

As suas críticas fizeram com que eu me tornasse esfuziante, simpática e sociável. Você partiu o meu coração e eu aprendi que pior que isso só a morte."

Comoção, dor, liberação e tantas outras emoções intensas brotaram dos desenhos e das palavras de Eleonora e Francesco. O *pathos* é tal que torna oportuna, na ocasião do encontro sucessivo, uma retomada e uma posterior elaboração dos elementos surgidos.

Além das mudanças visíveis nas barrigas crescidas, pergundo quais mudanças observaram no período decorrido.

Eleonora nos confirma que repensou nos desenhos feitos, que a ajudaram a atingir um perdão parcial ao pai. Francesco comenta que "superada a agonia do passado, deixo acontecer, não me interessa mais o que a minha mãe diz".

Solicito, repensando o trabalho já desenvolvido, que ESCOLHAM UMA PALAVRA-CHAVE E A DESENHEM.

Eleonora escolhe a Ausência e dá o título de "O caminho" ao seu desenho, entendido como "a estrada vazia, a falta de alguém, o sentir-se sozinha. É a ausência do papai".

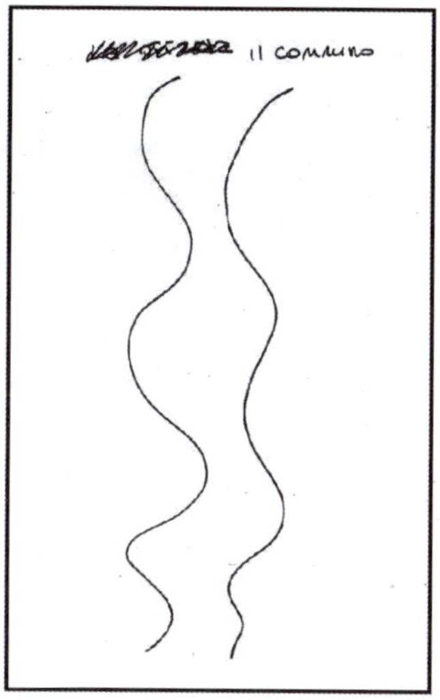

PENSANDO ENTÃO NO SÍMBOLO QUE REPRESENTA O PAI, DESENHA "Um abraço". Uma vez que supera o luto e a raiva do abandono, consegue fazer as pazes de novo com ele, vendo nele a audácia, a genialidade, a honestidade, a lealdade. E a agradecê-lo por tudo aquilo que seu pai tem de bom.

CARTA DE AGRADECIMENTO AO PAI

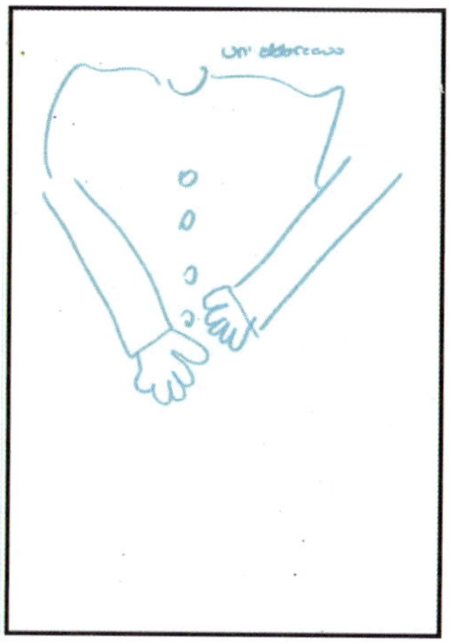

"Querido Papai,

obrigada por ser tão "indefeso", como se fosse frágil, como se quisesse ser abraçado e mimado, como se quisesse ser absolvido. E obrigada por notar o meu amor, nunca notado antes. Isto me deixa feliz, forte e em paz comigo mesma e com você. Desejei tanto este momento que ele quase nem parece verdade. Cada gesto meu é feito para lhe dar alegria e amor porque você está com um ar cansado e desanimado. Eu às vezes me preocupo com você porque sempre o vi como um leão, nunca parado, sempre ativo, pronto para matar a presa, um verdadeiro lutador. Mas mesmo assim gosto de você, porque você é a minha vida e sem você, bem ou mal eu não estaria aqui."

A PALAVRA-CHAVE ESCOLHIDA E DESENHADA POR FRANCESCO, por sua vez, é "duvidar de alguém", que provoca nele a sensação de "pretensões excessivas, de que sua mãe continuamente tinha dúvidas em relação a ele, que nunca o levou a sério e que o fez sentir-se abaixo de zero."

Título do desenho: "O incompreendido"

Apesar do ressentimento pela incompreensão e a ânsia associados à figura materna, Francesco consegue reconhecer os ensinamentos que obteve através da mãe, que desenha com o símbolo intitulado "lua".

"O símbolo da minha mãe é a lua, porque ela é lunática. Ela é "de lua", nunca se sabe se está bem ou mal, mas com ela aprendi a ser responsável pela casa, a tomar conta daquilo que me rodeia".

E a agradecê-la:

CARTA DE AGRADECIMENTO À MÃE

"Querida Mamãe, tenho 33 anos e sou pai. Tenho um filho de três anos e um bebê que está para chegar. Tenho uma casa que não é minha, mas que graças à minha companheira, é como se fosse. Tenho um trabalho, um salário e sou quase feliz... A minha família é simples e na sua simplicidade tudo é único e imenso. Com esta carta queria apenas lhe dizer que estou feliz pelo caminho que tomei porque se agora tenho tudo isto é também por mérito seu... então, para terminar... gosto muito de você. Do seu Francesco."

Uma vez atravessado o rio das raivas originais, para evitar projeções dolorosas e frustrantes vamos recolocar, com o genograma simbólico, cada uma das gerações no seu devido lugar e tornar visíveis as diversas pertinências familiares. Para que eles não se vejam mais abandonados pelos pais e que possam se sentir ainda vinculados, mas finalmente livres para abandonarem-se um nos braços do outro; para amarem os próprios genitores sem que o casal corra o risco de uma sobrecarga por causa dos limites tênues ou às vezes totalmente ausentes. E para ambos, é finalmente possível descobrirem-se casal e família no interior de um único círculo limite que envolve, quase num abraço, apenas os três, deixando de fora, com mais serenidade, o resto do mundo, embora mantendo-o afetivamente próximo.

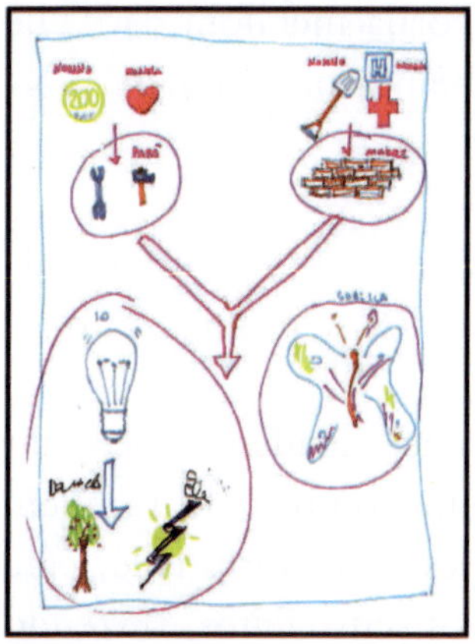

Genograma Simbólico de Francesco

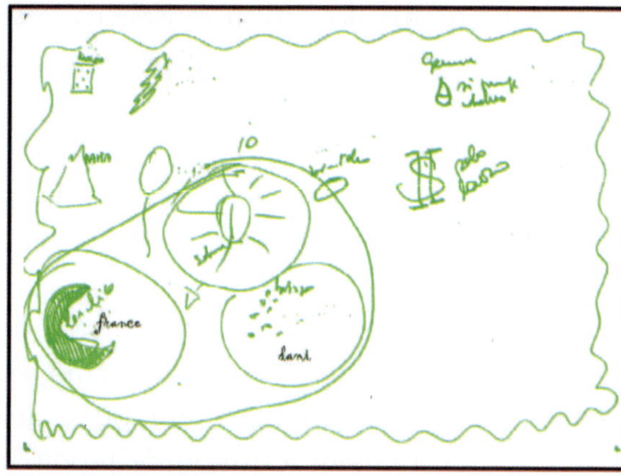

Genograma Simbólico de Eleonora

No encontro sucessivo, abandonadas as armas, vamos CELEBRAR A PAZ REENCONTRADA PROPONDO uma bela viagem de lua-de-mel no jardim do Éden, que eles REPRESENTARÃO EM UM DESENHO CONJUNTO.

Durante a confecção do desenho assistimos a uma mudança de comportamento, de um inicial embaraço competitivo na divisão dos espaços à interconexão e à integração dos traços pictóricos e dos símbolos, que se fundem em um projeto comum e único, com respeito às diferenças.

Ao comentar a sua obra e as modalidades de execução – cada um deve ficar no seu lugar sem invadir os espaços do outro, reconhecer os méritos próprios e do outro, ver as mudanças positivas do outro e comunicá-las – eles parecem encontrar um novo equilíbrio, inclusive na sua dinâmica relacional, quase identificando uma espécie de *vademecum* das regras de casal.

A harmonia do jardim representado se torna metáfora da "The Happy Family", que agora compreende também a presença da nova criança que virá à luz em breve.

Assim, com essa imagem belíssima do jardim nos despedimos, cada um com o próprio bebê a caminho, e concentrados na própria família.

Ficou clara para todos a consciência da necessidade de enfrentar outros temas importantes e que o trabalho não foi completado.Também fizemos uma pausa na terapia, durante os meses da maternidade, para deixar a esses símbolos a função de produzir os seus efeitos, trazendo à nossa casa as cores luminosas e a vitalidade da "família feliz", que passou de sonhada e desejada a visível por meio de uma bela imagem construída juntos.

1B. O AMOR INFINITO DE FRANCESCO E ELEONORA: SEGUNDO ATO

Alguns meses após o final do primeiro percurso com o casal, Eleonora pede para poder continuar em um percurso individual. E assim procedemos.

O tema dominante dos nossos encontros parece ser a agressividade e a raiva que demonstra devido à sensação de não se sentir amada pelo companheiro, pela sogra, pelo pai, pela madrasta. Eleonora busca em todos um amor incondicional, e o pede explicitamente à terapeuta também, que se mostra disponível a acolhê-la, e lhe comunica isso através de uma carta, que será muito apreciada.

Abre-se, nessa segunda fase, uma conversação completamente nova sobre a sua história de vida em busca do amor.

Ela fala sobre as desilusões na infância por causa da falta de amor da parte do pai, que após ter se separado da mãe dela, não a considerou mais a sua princesa para dedicar-se exclusivamente à nova companheira, que também zombava dela por causa do seu excesso de peso. Relata também as pressões da adolescência, feitas pela mãe, da qual, para se liberar, sufocada, refugiou-se na dependência de drogas e em vários comportamentos transgressivos. E fala ainda das rejeições feitas pelos namorados, pelos quais não se sentiu nem amada nem aceita, apesar da total dedicação e do enorme afeto oferecidos generosamente.

E então fomos juntas visitar a identidade de Eleonora, em seu reconhecimento como mulher em busca de amor dentro do papel de doadora de amor.

Tal dilema emotivo foi resolvido rapidamente por ela: reconhecendo-se em seu papel de doadora generosa em conexão com os necessitados que buscam, a sua perene busca de amor não poderia ser outra coisa que não frustrada, ao manter a expectativa de um balanço equilibrado entre dar/ter.

Abandonada a pretensão de uma tal restituição de amor, e plenamente satisfeita com a própria generosidade incondicional, ela me conta, durante a consulta sucessiva, sobre o abraço que deu algumas noites atrás naquele seu pai distante, que hoje reconhece publicamente tê-la redescoberta como filha, agora que ela é mãe. E por sua vez, recebido finalmente o amor tanto desejado, restitui a ele o seu "obrigada" por tê-lo tido como pai.

Na consulta sucessiva, Eleonora volta falando-me exclusivamente dos seus bebês, de como estão juntos, das suas preocupações. Os conhecidos rancores em relação ao companheiro, à sogra e afins, não mais no centro das suas atenções, parecem agora distantes.

Estando ambas cientes, porém, da necessidade de continuar a nossa viagem, estaremos a par das novidades depois do intervalo de verão, com o terceiro ato da terapia, tendo consciência da importância de restituir agora, ao casal, o seu papel de atencioso curador das dores individuais.

Comentário sobre o método de Vanna Puviani

Através do uso do desenho inserido no método terapêutico de Vanna Puviani, é possível atingir e trabalhar as emoções de forma profunda e ao mesmo tempo delicada.

Por meio das imagens as pessoas são convidadas, com leveza e desenvoltura, a expressar as partes mais relevantes do próprio mundo interior, comunicando os próprios dramas e sofrimentos sem se exporem graças à abordagem doce e respeitosa de dizer e não dizer, de compartilhar preservando a própria intimidade.

Pintar com as tintas emotivas mais profundas e dolorosas também permite vê-las, tocá-las e descrevê-las para que apavorem e intimidem menos: para poder entrar ali sem sermos invasivos ou superiores a elas.

A combinação de desenhos e palavras permite às pessoas conseguir, secretamente, administrar emoções excessivamente intensas ou até mesmo ingovernáveis, manejando-as até que se possa finalmente fazer as pazes com elas e portanto consigo mesmas e com os outros.

Esses instrumentos ajudam, assim, a tomar uma distância emotiva dos problemas sem chegar ao afastamento ou à frieza, mas continuando a viver as próprias paixões, suavizadas por um controle emotivo maior, premissa indispensável para atingir as soluções almejadas e manifestar as próprias qualidades mais belas em toda a sua plenitude.

2. A HISTÓRIA DE AMOR DE EPIFANIO E ANGELICA[84]

Esta é a história de amor de Epifanio e Angelica, dois heróis invisiveis, escondidos entre os vãos das nossas jornadas diárias e entre as ruas da nossa cidade. Eles não querem se deixar ver, mas pulsam de paixão em cada canto da sua história.

Epifanio e Angelica solicitam uma terapia de casal porque estão atravessando um período difícil e triste, com muitas insatisfações e incompreensões. Eles têm dois filhos, de 14 e 16 anos.

Angelica conheceu Epifanio enquanto voltava para casa, vindo do convento que a hospedava e onde estava fazendo um percurso espiritual e de formação. Ela queria se tornar freira.

Naquela época, Angelica se cansava muito continuando a fazer o seu trajeto para o convento, já que tinha que acudir tanto a mãe, muito doente, quanto a irmã, que sofria de tetraplegia espástica e usava uma cadeira de rodas. Ela era obrigada a sair continuamente e ir para sua casa a fim de cuidar adequadamente da mãe e da irmã.

Angelica e Epifanio se encontram, se escolhem e não deixarão nunca um ao outro.

Angelica está sempre muito ocupada, pois além de ser professora, precisa cuidar da mãe e da irmã. Parece invencível: decidira ter dois filhos,

[84] O caso foi atendido pelo Dr. Andrea Prandin, Doutor em Ciências da Educação, consultor pedagógico com especialização sistêmica-relacional e formador.

ocupar-se da irmã e decidira, junto com Epifanio, acolher em casa a sua mãe, para que ela não fique sozinha, para que possa tomar conta dela e da tristeza que a oprimia depois da morte da filha, portadora de tetraplegia espástica.

Os anos passam. Correm. Sucedem-se. Epifanio sente cada vez mais um estranho ciúme: acredita que a família de origem de Angelica "vinha sempre antes da deles". Gostaria de tê-la só para si, gostaria que o seu primeiro olhar e o primeiro gesto fossem para ele e não para a sogra.

Quando encontramos essa história no consultório, uma das primeiras solicitações foi a da AUTOAPRESENTAÇÃO DO CASAL:

Perguntamos a Epifanio:
SE ANGELICA, PENSANDO NA RELAÇÃO A DOIS DE VOCÊS TIVESSE QUE ENCONTRAR UM SÍMBOLO PARA DESCREVER A COISA MAIS BELA EM EPIFANIO, QUE SÍMBOLO USARIA?

O desenho simboliza as coisas belas que Angelica vê em mim, isto é, o jeito como sou luminoso com ela, solar como um maço de flores. O outro símbolo representa a beleza de Angelica, a sua simplicidade e a sua honestidade. Se os dois símbolos pudessem falar, o primeiro diria ao segundo: "Gosto de você", e o segundo responderia: "Queria que você ficasse junto a mim e que me mimasse".

Perguntamos a Angelica:
SE EPIFANIO, PENSANDO NA RELAÇÃO A DOIS DE VOCÊS TIVESSE QUE ENCONTRAR UM SÍMBOLO PARA DESCREVER A COISA MAIS BELA EM ANGELICA, QUE SÍMBOLO USARIA?

Epifanio desenharia Angelica como uma pessoa capaz de suportar qualquer carga.

DEPOIS PEDIMOS A ANGELICA QUE DESENHASSE DENTRO DE UMA MOLDURA UM SÍMBOLO QUE REPRESENTASSE A SUA RELAÇÃO A DOIS:

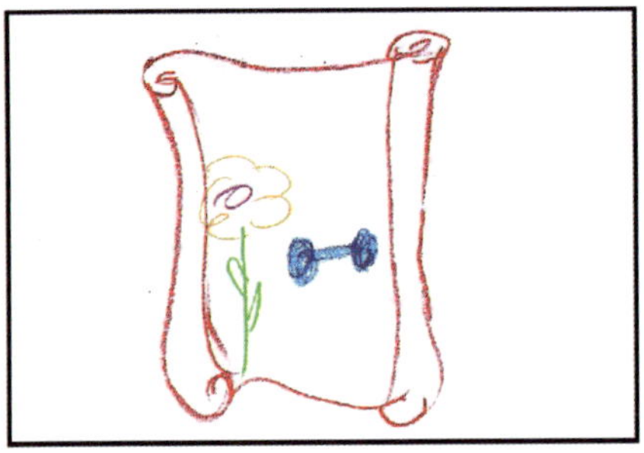

"Epifanio foi representado por uma flor, pelo fato de que é único e belo e também porque representa a simplicidade e a espontaneidade do seu modo de agir. Eu me representei através de um peso, isto é, a capacidade de suportar a carga de todas as situações familiares e levá-las adiante sem que os outros vejam ou sintam o peso delas.

Se os dois símbolos pudessem se falar, a flor diria: "Como você é forte!!" e o peso responderia: "Às vezes ser forte é difícil! Mas você no entanto é muito frágil, e ao mesmo tempo também me agradam sua simplicidade e honestidade".

DEPOIS PEDIMOS A EPIFANIO QUE DESENHASSE DENTRO DE UMA MOLDURA UM SÍMBOLO QUE REPRESENTASSE A SUA RELAÇÃO A DOIS:

"As coisas belas do nosso relacionamento são a luz e a simplicidade recíprocas".

Na segunda entrevista entramos em acordo sobre a "tarefa de casa":

PEDIMOS A AMBOS QUE DESENHASSEM O SEU CÉU DOS DESEJOS, EM SEGREDO, TOTALMENTE CONCENTRADOS EM SI MESMOS, PARA DEPOIS REVELÁ-LO À CURIOSIDADE DO OUTRO DURANTE A PRÓXIMA ENTREVISTA.

Angelica e Epifanio se apresentam à consulta muito curiosos em saber o que o seu marido/a sua mulher tinha desenhado.

Eis o CÉU DOS DESEJOS DE ANGELICA, tendo ao lado "a legenda" que explica o seu sentido e o desejo de cada estrela:

1) Ter um homem ao seu lado
2) Receber afeto
3) Realizar-me profissionalmente
4) Sentir-me apreciada
5) Sentir-me livre

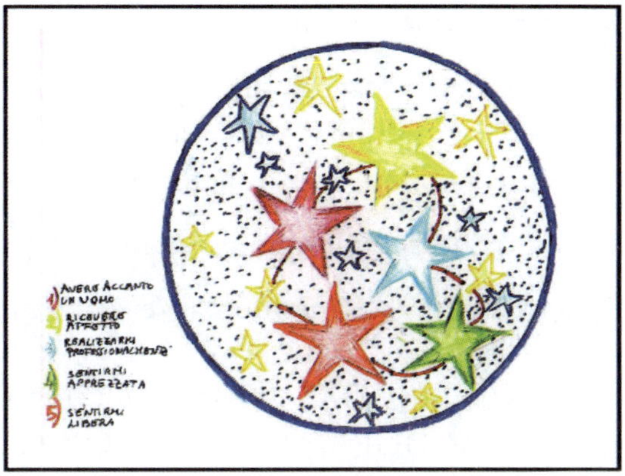

Eis o CÉU DOS DESEJOS DE EPIFANIO:

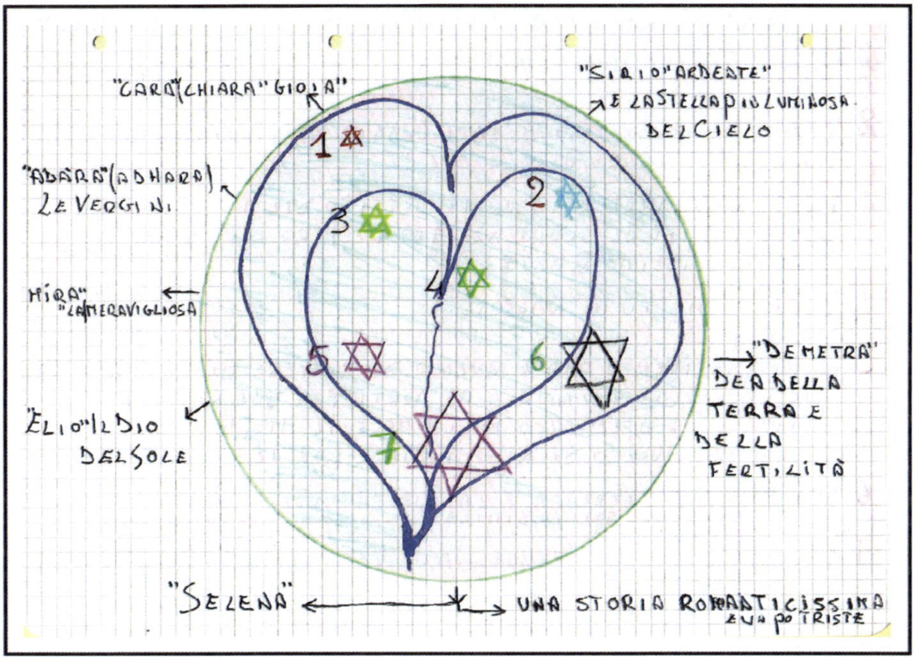

1) Gostaria que hoje fosse igual a ontem... Amo você de paixão!
2) Um desejo meu: conhecê-la melhor, para criar entre nós o *feeling* daquilo que acontece
3) Gostaria de adormecer com a batida do seu coração e despertar ao som da sua respiração acompanhado de um doce beijo
4) Gostaria que você me amasse
5) O meu desejo agora seria poder ter de novo a minha mãe e o meu amor, aqui ao meu lado, eles morreram por duas razões diferentes, mas daqui a um mês o meu desejo seria de recomeçar com você
6) O sofrimento máximo e vontade suprema têm uma expressão similar
7) Ser sempre você mesmo na Verdade, isto é Liberdade.

NO FIM DAS NARRAÇÕES/EXPLICAÇÕES, PEÇO A CADA UM QUE UNA AS ESTRELAS DE CADA CÉU DE FORMA A CRIAR UM SÍMBOLO

Ambos, em segredo, criam um coração. Quando mostram-no e descobrem a coincidência uma grande e bela comoção se espalha como uma chuva sobre os seus rostos. Eles se olham maravilhados, permanecem em silêncio. Continuam a se olhar.

Na consulta sucessiva me contam sobre uma bela viagem de dois dias que fizeram juntos depois de muitos anos, apenas os dois, como um presente recíproco de proximidade.

Eles me falam do seu sentimento de culpa em relação à mãe dela, que eles acolheram no seu lar desde o início, e que tinha sido deixada em casa e excluída dessa viagem (pela primeira vez). E, ao mesmo tempo, Angelica fala do erro que talvez tenha cometido ao se dedicar tanto assim a sua mãe, ao tê-la feito entrar na sua vida com tanta força.

Peço-lhe que escreva uma carta à mãe, para agradecer-lhe e se despedir dela; agradecer-lhe o fato de que, para começar, sem a sua presença invasiva ela nunca teria conhecido Epifanio (Angelica o conheceu voltando do convento para casa para acudi-la!) mas também todo o resto, por todas as outras razões que ela considerar que deve lhe agradecer.

Enquanto proponho essa solicitação, Angelica e Epifanio ficam novamente com os olhos comovidos, surpresos e apaixonados pela sua incrível história... Permanecem em silêncio, surpresos e maravilhados com a sua história, com os seus corações.

Epifanio, ao final da nossa conversa, declara o seu desejo de não voltar mais ao consultório. Essa solicitação já tinha vindo à tona nas consultas precedentes, mas apenas hoje ele a propõe como uma decisão. Epifanio conta que está cansado de ouvir palavras, cansado de pedir ideias sobre a sua família aos outros. Gostaria de parar com tudo, dedicar-se à sua saúde (nesse período ela foi posta à prova por doenças graves) e dedicar-se apenas à sua família. Talvez Angelica não compartilhe dessa ideia, mas hoje o segue com os olhos e com o seu coração. Angelica hoje está com ele. E diz sim. Diz sim ao marido, a ela, ao casal. O percurso de consulta está concluído. Despeço-me deles, e apenas recordo que o nosso trabalho terminará definitivamente com a CARTA PARA A MÃE e a CARTA PARA A SOGRA.

Carta que eu não lerei, será um segredo deles.

Angelica e Epifanio não voltaram ao consultório. Mas o que me conforta e emociona é saber que estão entre nós, travestidos de pessoas "normais". Vocês poderiam encontrá-los na padaria, no supermercado. Eles poderiam dar o lugar a vocês em qualquer bonde de Milão, ou pedir licença em uma estação anônima de metrô.

Angelica e Epifanio falam pouco, não gostam de aparecer. Preferem desaparecer. Estão sempre quietos e chamam pouco a atenção. Mas seu coração bate forte; apesar disso, bate forte. Sonha e deseja, bate e se debate. A opressão do tempo e dos afazeres, das incumbências, dos medos, das dificuldades e dos deveres não enfraqueceu o seu sistema cárdioespiritual, não acabou com a sua esperança de se amarem, de desejarem escolher-se novamente. E assim fizeram. O peso do tempo não deteve o seu olhar em direção ao futuro, ao seu futuro. E assim se casaram, de novo e de novo.

A viagem de lua de mel? Uma passagem de bonde, as mãos dadas, até três paradas adiante.

Esta é uma história de amor.

3. A HISTÓRIA DE AMOR DE FRANZ E DORA[85]

O casal pediu a minha intervenção depois do nascimento da sua filha, que atualmente tem dois anos, pois não consegue mais estar em sintonia. A senhora tinha sido, por um tempo, minha paciente por causa de um distúrbio alimentar e uma depressão que a tinha feito tomar alguns medicamentos de uso controlado. Ela ficou órfã dos pais em um período de dois anos, quando tinha 19 anos. A terapia individual tinha sido concluída alguns meses antes do nascimento da sua filha. A paciente atualmente se queixa dizendo que o marido lhe dá pouca atenção, comunica-se pouco e tem um comportamento de vítima diante das suas solicitações ou das suas reprovações.

Ele, durante a primeira entrevista confirma e justifica as queixas da mulher, contando que o nascimento da filha o "desestabilizou"; ele sente que a mulher é competente em tudo e isso faz com que ele se sinta inadequado e incapaz. Desde a infância ele sofre de uma leve gagueira. Do seu depoimento emerge que na sua família de origem ele se sentia frequentemente sob pressão, com uma mãe que ele descreve como desvalorizadora, que nunca demonstrava confiança nas suas capacidades.

Ainda hoje os pais dele se mostram julgadores com respeito a eles, ainda que não mantenham muito contato. Além disso, durante a consulta afirma que o nascimento da filha aguçou o sentimento de impaciência um com o outro e que ele se sente no meio de um fogo cruzado.

Eles pediram o meu apoio porque ambos temem que essa situação possa colocar fortemente em crise o seu casamento, já que sentem que ainda se amam. Proponho ao casal iniciar um percurso através da utilização da psicoterapia imaginativa, com o uso do desenho, para tornar visível o seu mundo interno e o seu mundo relacional, e assim se conhecerem melhor para se apreciarem mais.

No primeiro encontro peço ao casal que desenhe uma moldura e que represente dentro dela, com um símbolo escolhido, o maior problema que cada um deles vive no casal neste momento.

[85] O caso foi atendido pela Dra. Francesca Roncarollo, Psicológa e Psicoterapeuta.

O PROBLEMA VISTO POR ELA "Visões e perspectivas diferentes"

Dois quadros, iguais na moldura, um interior muito diferente nas cores."

Eu estou representada à esquerda e ele à direita. É lógico que são belos, mas diferentes.

Creio que o meu problema seja não suportar mais o modo como ele vê as coisas. Acredito já ter visto tudo negro muitas vezes na vida, e não entendo como é que as pessoas não conseguem ver as outras belas cores. Não aceito que se queira ver tudo negro onde, muito pelo contrário, estão presentes mil cores.

O PROBLEMA VISTO POR ELE: "Imobilidade"

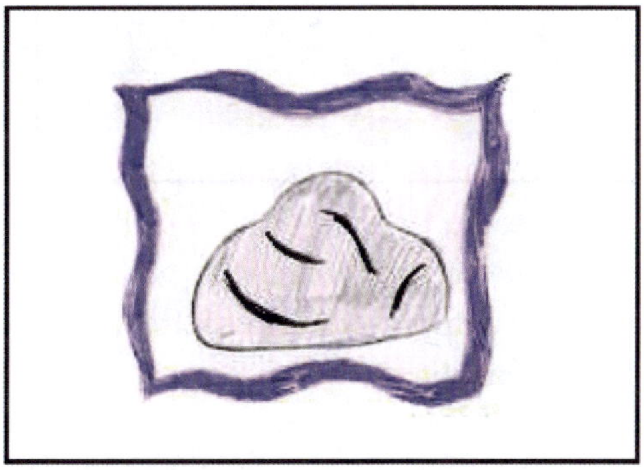

Eu representei o problema do nosso casal com um grande bloco de rocha. A grande rocha sou eu, pesada, parada, imóvel, incômoda, impermeável, que não fala, não sente e que ocupa todo o espaço com a sua presença e não se deixa atingir.

No início a pedra era pequena, mas rolando ficou pesada e o seu tamanho aumentou cada vez mais. Eu sinto essa pedra dentro de mim.

Em um segundo momento peço a cada um deles que represente, sempre com um símbolo escolhido, a solução para o próprio problema, aquela que cada um deles vê como a solução mais desejável.

SOLUÇÃO VISTA POR ELA:
"Perspectivas unidas"

São dois óculos unidos em um só par e um grande pincel.

Acredito que muitas vezes um bom par de óculos permita ver tudo mais claro e límpido.

Para mim o pincel representa a possibilidade de escolher as cores. Estes óculos limpos também permitem uma proximidade, porque foram soldados juntos; para mim, é importante ver as coisas limpas e do jeito que são. Saber que o pincel ainda está limpo me dá a possibilidade de ver e de escolher a cor ou as cores de que mais gosto, isso é importante porque significaria ter um projeto em comum.

SOLUÇÃO VISTA POR ELE:
"Quebro tudo"

Desenhei um coração partido em dois, do qual sai uma grande picareta. Escolhi este símbolo porque penso que o único modo de encontrar uma solução é ter coragem de olhar para o meu interior e tirar daí o melhor de mim, de começar a demolir pedaço por pedaço essa grossa couraça que me deixa impassível a respeito de tudo de todos..., principalmente da minha família.

No final, peço a cada um que fale das próprias imagens e as emoções ao fazer e ao olhar para os próprios desenhos.

A partir dos desenhos dela observamos que a solução para o problema é vista através da união ferrenha: os dois óculos colados um no outro, como se a diversidade entre os olhares fosse ameaçadora, enquanto que para ele a solução é o "rompimento" do coração, como se devesse e pudesse finalmente escolher para poder se sentir vivo como deseja. Depois da nossa conversa surge nos dois parceiros uma vontade de se conhecerem e se reencontrarem, e então planejamos o nosso percurso terapêutico para irmos juntos descobrir e conhecer a própria individualidade no interior do casal, o *Eu* e o *Você* para reconhecer então o *Nós* como a melhor guia da nossa viagem amorosa.

No segundo encontro proponho a cada um

DESENHAR O SEU CASAL, UTILIZANDO UM SÍMBOLO ESCOLHIDO PARA REPRESENTAR A SI MESMO E AO OUTRO

Ela: "O jardim"

Eu sou o jardim, com dois portões caindo aos pedaços mas cheio de flores, há ervas daninhas mas há cores também. Ela é uma árvore que embora pareça ou queira parecer seca está cheia de brotos. A unicidade da árvore é tal que mesmo se tem partes queimadas ou secas, está repleta de plantinhas tenras que sobressaem entre os ramos.

O que esse jardim e a árvore têm de único é o fato de que são complementares, não falta a árvore para dar sombra e frescor à beleza do jardim, e sem a árvore um jardim não é um jardim de verdade, mas um simples canteiro de flores; por sua vez, a árvore, sem flores, ficaria seca e desprovida de cores. O que ela tem de especial é a resistência a todas as invasões de ervas daninhas e pragas.

Ele : "Complementaridade"

Eu me desenhei em forma de cadeira, e ela é um telescópio.

A cadeira é muito sólida, feita em madeira resistente, e é muito confortável também apesar de não ter almofadas.

O telescópio é potente, daqueles que servem para ver bem longe, é regulável, impermeável e feito para durar bastante. Só precisa ser lubrificado de vez em quando para funcionar sempre bem.

Juntos, esses objetos formam um belo casal, porque se usados em conjunto permitem a quem os usa poder sempre observar e descobrir coisas novas e interessantes. O que esse casal tem de belo é que eles podem mudar de lugar para observar coisas diferentes. E o que têm de especial é que, mesmo sendo diferentes, usados juntos dão um ótimo resultado, e são únicos porque não são objetos comuns.

No encontro sucessivo peço para REPRESENTAREM COM UM SÍMBOLO ESCOLHIDO A IMAGEM DO CASAL, O *NÓS* DO CASAL, que significa a unicidade que o diferencia dos outros casais.

"Variedade"

O cacho representa um conjunto de frutas, todas de diversos tamanhos e cores. Algumas estão apodrecendo e penso na dificuldade que tivemos, outras ainda estão muito verdes e são a maturidade e a falta de experiência, é necessário ter paciência até que mudem de cor.

Os cabinhos marrons e verdes representam aquilo que nos rodeia, nem sempre são necessários para nos sustentarem. Enfim, somos um belo casal.

Esse cacho é bonito por causa das suas diversas cores que criam um conjunto harmonioso, especial porque as cores foram escolhidas por nós, único porque apesar dos machucados e da imaturidade de algumas frutas, tem uma beleza que não passa despercebida.

"O cofre"

Desenhei nosso casal em forma de um grande e espaçoso cofre.

Por fora está todo estragado, perdeu o brilho de quando era novo, mas agora está mais robusto e resistente, com o tempo se fortificou.

Dentro dele está contido e protegido o nosso "tesouro", que é feito de tantas grandes e pequenas coisas, brilhantes, e usadas, que são a nossa bagagem importante: o poder e o querer.

É um belo cofre porque é espaçoso, sólido, resistente e durável.

É especial, já que contém uma infinidade de coisas pequenas e grandes, insignificantes e importantes e quando olho para essas coisas elas se fundem agradável e uniformemente.

É unico porque não existe no mundo um cofre como esse, com as suas particularidades.

Ambos observam e narram os próprios desenhos, parecem satisfeitos e surpresos com a maneira como foram vistos, representados e narrados.

No encontro sucessivo proponho ao casal ir VISITAR RAIVAS ANTIGAS, para vê-las, reconhecê-las e organizá-las, já que ambos, por motivos diversos, parecem carregar dentro do casal ressentimentos não resolvidos.

Proponho a cada um dos dois imaginar um genitor e tê-lo diante dos olhos (fechados), partindo daquele com o qual se está mais zangado, e agir como se fosse possível falar com ele para dizer-lhe livremente aquilo que nunca teria ousado falar antes desse momento:

"Estou zangado com você porque..."

E no embalo dessa conversa imaginária, cada um escreve na sua folha de papel todas as razões nunca admitidas e nunca expressadas da própria raiva,.

Escolhi não fazê-los ler esse escrito pessoal, para privilegiar a informação interna, mas pedi que esses sentimentos fossem representados através do gesto livre, com uma cor escolhida de modo analógico, ou com um símbolo.

O DESENHO SIMBÓLICO DA RAIVA segundo ela: "A Bomba"

Desenhei um pavio que pode explodir, eu sentia que a raiva ainda não estava ainda expressa. Agora observando o meu desenho entendi a minha raiva... ainda que não tenha explodido. Ao escrever a raiva saiu: me sentia desiludida, zangada e abandonada.

O GESTO ANALÓGICO DA RAIVA segundo ele: "Desabafo"

Enquanto desenhava tinha a sensação de desabafar, eu representava a minha raiva escura e olhando o desenho fico triste porque é a minha raiva. Enquanto escrevia tive também uma sensação de liberação, no início foi difícil, mas depois não, eu imaginava ter diante de mim aquela pessoa.

Depois propus que pegassem a folha onde estavam escritos todos os motivos que tinham provocado raiva no passado para transformá-los um por um, como se aquela falta fosse uma boa oportunidade para crescer, ou seja, para contar consigo mesmo. Cada um deve ir em busca das próprias ocasiões de crescimento, para transformar a raiva, ou melhor, a frustração, a espera sem resposta do pai ou da mãe, para vê-la como uma experiência útil para afastar-se deles e poder contar consigo.

O título do segundo texto se transforma em: "APRECIO VOCÊ PORQUE..."

Este texto também ficou apenas entre os autores, nós apenas conversamos sobre os resultados desse exercício, depois de terem feito um segundo desenho sobre a nova história – sobre o novo estado de ânimo.

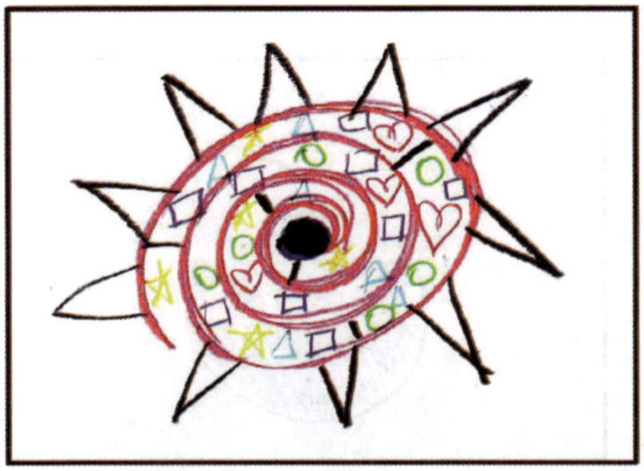

O desenho dela: Aprecio você porque .... "A minha vida"

Desenhei a minha vida, desenho as minhas buscas, os meus recursos, as cores e a minha posição ao redor dos outros em uma espiral; eu sou o ponto central. Os raios são também as minhas defesas. Ao escrever, explode a minha raiva, no princípio me sentia desiludida, zangada e abandonada. No fim, apreciando um por um aqueles comportamentos, veio à tona o amor por ela, e tudo ficou mais simples.

O desenho dele: Aprecio você porque.... "Crescimento"

Desenhei uma hera porque ela está crescendo até mesmo sobre a pedra, até mesmo em lugares onde seria difícil fazê-lo, e ela é bela e desenvolvida. Ao fazer esse desenho sentia alegria e orgulho ao vê-la. Ao escrever a carta tive um sentimento de liberação, apesar de ter sido difícil no começo, mas depois... não. Eu imaginava a pessoa diante de mim. Escrever foi difícil porque custei a reconhecer em mim mesmo alguma coisa que aquela pessoa tenha me dado para apreciá-la, mas depois eu consegui.

Na consulta sucessiva escolhi voltar ao presente e propor um exercício que fosse ao encontro do autorreconhecimento das próprias qualidades, para visitar e aumentar a autoestima, depois de ter aberto e fechado uma portinha do passado, com a ideia de que agora eles estivessem mais livres para se recomporem.

Pedi que desenhassem "O PRÓPRIO CÉU DOS DESEJOS E O CÉU DO COMPANHEIRO", usando o formato de estrelas, para reconhecerem os seus desejos como espiões das próprias qualidades e as do parceiro; chegando ao fim, poderiam unir todas as estrelas começando pela primeira, para dar forma a um desejo futuro.

Tal solicitação nasce do projeto para reforçá-los como indivíduos e como casal, e ao mesmo tempo tornar visível a riqueza dos desejos, das potencialidades e da capacidade de ir rumo à individualização.

O CÉU DELA – OS DESEJOS DELA

O meu céu está à esquerda: a estrela roxa é o desejo de criar, de ter um espaço; a estrela laranja é a busca pela minha autonomia. A verde é desejo de respeito por mim mesma, a vermelha, de fazer mais amor, a rosa, de estabeler uma carreira e a fúcsia é o projeto de um futuro filho. O desejo que nasce da ligação entre todas as estrelas é o de reencontrar o nosso equilíbrio.

OS DESEJOS QUE ELA IMAGINA QUE O SEU PARCEIRO TENHA:

O vermelho é o seu desejo de ter paixão, de apaixonar-se pela vida. O desejo multicolorido é o de encontrar e ter prazer, isto é, de se deixar levar; o verde é o desejo de ter interesses próprios, o vermelho, de ter relações. O desejo que toma forma depois da união entre as várias estrelas é o de que ele não possa ter mais desculpas.

O CÉU DELE – OS DESEJOS DELE

A estrela vermelha: ter mais confiança em mim, naquilo que sou. A verde: ficar mais tempo com a minha companheira. Estrela negra: não me deixar influenciar pelos meus pais, deixá-los de fora.

A estrela azul: ter mais relações com a minha mulher. Laranja: sairmos mais todos juntos. O novo desejo que toma forma depois da união das estrelas é o de colocar ordem dentro de mim.

OS DESEJOS QUE ELE IMAGINA QUE A SUA PARCEIRA TENHA:

Estrela marrom: que eu corte o cordão umbilical com os meus pais. Estrela verde: de sentir que tenho mais consideração por ela. Estrela azul: de ter um horizonte comum na educação da nossa filha. Estrela vermelha: de ter mais relações sexuais. Estrela cinza: de ajudá-la mais na condução da vida doméstica. O desejo que brota da união dos vários desejos na minha opinião é o de ser uma mulher amada e desejada.

No fim da consulta pergunto a cada um o que levam com eles depois daquela conversa; ela diz que leva consigo o desejo de renascimento e ele, o desejo pela companheira.

No sexto encontro, depois de terem observado as várias etapas do percurso com o casal, a evolução dos dois parceiros, a descoberta da sua unicidade e do movimento e de transformação do seu ponto de vista a respeito de si mesmo e do outro, no encontro conclusivo proponho DESENHAR A SUA ÁRVORE E FAZÊ-LO JUNTOS, NA MESMA FOLHA, para buscar as suas qualidades singulares e torná-las ainda mais visíveis na diferença, visto que, no início, principalmente ela custava a se ver na diversidade dele.

Começam o desenho juntos na mesma folha, ela partindo da esquerda e ele da direita, subindo até os galhos, desenhando primeiro os ramos e depois a copa, nos quais ela se detém enfeitando-os e adornando-os com frutos. Ele enriquece a árvore acrescentando outros ramos, cuida do tronco e das raízes colorindo-os, e além disso desenha o galhinho no tronco e os cogumelos no chão. Ambos cuidam da grama e a cor azul espalhada por ele é o azul do céu.

A NOSSA ÁRVORE. "A força complementar"

ELA: Ao desenhar me senti a copa da árvore, me sentia leve e sorridente...

ELE: Enquanto desenhava a nossa árvore me senti a raiz.

As qualidades da raiz: elas levam muito tempo para se tornarem compridas, fortes e profundas, mas uma vez crescidas é muito difícil conseguir desenraizá-las e destruí-las. Além disso, as raízes conseguem levar o alimento para toda a árvore.

Os galhos e as folhas espelham a beleza da árvore, carregam os frutos, abrigam da chuva e todo ano os galhos se regeneram com folhas cada vez maiores e mais verdes.

A árvore tem de belo a sua forma, de único tem um tronco grosso e uma copa frondosa e de especial tem muitos frutos de vários tipos, cerejas, maçãs e cerejas. E se encontra no nosso jardim.

Conclusões

Chegamos ao fim do percurso e observamos juntos os desenhos e as palavras que os acompanham, para que eles admirem juntos o percurso de conhecimento de si e do outro que cada um fez, tanto individualmente quanto como casal. Ela, que na sua solução se via como dois óculos "fusionados" um com o outro, já na representação do casal "ideal real" inicia a nos mostrar o seu processo de individualização: agora ela se sente um jardim florido e vê o marido como uma árvore. Também é interessante o "céu dos desejos", onde as suas estrelas cintilantes carregam as palavras com as suas qualidades, o seu "eu quero", despertando nela a sua individualidade, a sua diversidade que se tornam riquezas no interior do casal. Ele, que no seu problema se apresenta como uma rocha dura e irremovível, no casal se transforma em cadeira, em algo mais leve e fácil de remover, pode se mover, experimentar e descobrir. E no seu céu estrelado ele não está mais impermeável e inabalável, mas está dentro do casal com a sua unicidade e a escuta do outro. E por último existe o desejo comum de reencontrar no seu casal o espaço da intimidade.

E no fim eis que nasce a *árvore do conhecimento,* o *Nós.* Uma árvore para onde cada um levou o próprio ser, as próprias qualidades, os galhos, as raízes, sem raiva e sem reivindicações, mas reconhecendo-se e apreciando-se na própria diversidade e unicidade, em um percurso amoroso onde cada um reconhece o quando é importante para o outro.

Enfim, depois de um percurso junto ao casal compreende-se o quando é difícil mudar, deixar atrás de si as feridas do não amado e do não reconhecido, e de como frequentemente pedimos ao outro ressarcimento pelos nossos sofrimentos passados, tornando-nos tão dependentes e imóveis.

Agradeço ao casal por ter me conduzido junto com ele na sua viagem amorosa e por ter me dado a chance de revisitar aqueles lugares do casal que com frequência consideramos já conhecidos e que entretanto devem ser descobertos e valorizados juntos, a cada dia.

4. A HISTÓRIA DE AMOR DE RENZO E LUCIA[86]

Lucia e Renzo se conheceram quando jovens, aos quinze anos, e logo simpatizaram um com o outro. Ele tinha sido convidado a fazer parte de um pequeno grupo musical do qual Lucia já fazia parte, foi dessa forma que se conheceram. Eles descrevem um período divertido e ao mesmo tempo muito atarefado nos estudos. Renzo consegue encontrar um bom trabalho depois de se diplomar e ela também arranja trabalho, depois de abandonar as esperanças de seguir uma carreira artística. Mais tarde, algumas complicações no trabalho de Renzo, sensações de mal-estar e de bloqueio criativo levam-no a fazer um tratamento de saúde, primeiramente particular, e depois no Serviço de Saúde Mental.

Quando começamos a cuidar de Renzo, ele estava em um Hospital Dia psiquiátrico há algum tempo.

A imagem do casal de Lucia e Renzo transmitida à nossa equipe de terapia familiar pelo serviço parecia um reflexo das inquietudes compartilhadas pelas famílias de origem e pelos próprios protagonistas, que tinham defendido o seu desejo de união, mas que depois tinham se encontrado desorientados tendo que enfrentar a questão que Lucia colocava abertamente desta forma: "A vida que escolhemos, nós escolhemos *juntos* de verdade?"

Os pais dela não tinham apreciado a união deles e a decisão de viverem juntos; até mesmo a escolha de comprarem uma casa tinha sido colocada em discussão pela família dele, que gostaria de tê-los mantido juntos oferecendo a eles um apartamento ao lado da sua casa.

Meu colega[87] e eu nos encontramos como coterapeutas em equipe, e decidimos propor a eles um trabalho expressivo para facilitar o

86 O caso foi atendido pela Dra. Maurizia Lenzi, Psicóloga Psicoterapeuta, especializada in Psicoterapia Sistêmica, em co-terapia com o colega.

87 Dr. Damiano Suzzi, Psicólogo Psicoterapeuta, especializado in Psicoterapia Sistêmica e Psicoterapia Psicodinâmica.

percurso do casal. Já temos muitos anos de experiência como terapeutas e uma preparação sistêmica à qual o colega acrescentou também uma formação psicodinâmica.

Neste percurso simbólico para o casal, e novo também para nós, nos ajuda a Dra. Vanna Puviani, com a qual houve um confronto sistemático sobre as propostas simbólicas e sobre as reflexões que se seguiram às imagens sempre ricas e surpreendentes que nasciam no contexto da terapia e no trabalho feito pelo casal em casa.

Na primeira entrevista nos deparamos com o casal oprimido pelo longo período de sofrimento de Renzo, que extenuou ambos; procuramos acolher o seu caso e os aspectos sofridos da sua história conectados principalmente aos momentos cruciais de afastamento de Renzo: a mudança da cidade para o campo, que parece ser o rompimento com o seu mundo das primeiras amizades fora da família; a saída para o serviço militar, que faz explodir a tensão e o faz voltar precipitadamente para a família... e elaboramos para eles uma proposta de um trabalho expressivo, para facilitar uma revisitação e redescrição da sua vida de casal no presente.

A proposta foi acolhida no clima de incertezas e inseguranças do momento que estão vivendo, mas assim que as cores se espalham pela folha de papel, ambos se reanimam, parecem que adquirem também cores e fantasia e se reencontram como criaturas e criadores.

Seguimos com ânsia o nascimento das suas imagens, o redelineamento dos aspectos vitais, dos limites mais precisos, das perspectivas criativas futuras.

Parece-nos que o percurso tenha conseguido mostrar, pouco a pouco, afetos e recursos nutritivos do casal que permitiram um reinício às suas vidas, modificando a premissa original e o jogo familiar no seu conjunto.

Partindo da premissa de que a relação entre os cônjuges fosse parte estrutural do mal-estar, o trabalho proposto mostrou como a sua união poderia se tornar a ocasião para um passo adiante evolutivo em um percurso muito complexo.

Nos encontros com os terapeutas, o casal se narra dando forma e cor à propria história.

SÍMBOLO COM O QUAL RENZO SE APRESENTA.

Não a espiono, não a julgo, não a controlo, mas estou de olho em você.

SÍMBOLO COM O QUAL LUCIA SE REPRESENTA.

Se alguém quer saber alguma coisa de mim, estou sempre no escritório, porque me sinto obrigada em relação à minha família e ao escritório, sinto isso como uma coisa forçada. Gostaria de ter mais tempo para mim e para ficar com ele.

SÍMBOLO COM O QUAL RENZO REPRESENTA LUCIA.

É o amor que ela me dá, que porém está cansado, não é pleno mas é profundo. Eu me sentia triste porque sinto que ela me dá amor e quer me encorajar, não quer me causar mal.

Comentário feito por ela do desenho dele:

Inquieta-me no seu desenho o centro do coração escuro, mas posso entendê-lo porque às vezes exagero um pouco.

SÍMBOLO COM O QUAL LUCIA REPRESENTA RENZO

Não o vejo assim mas nesse momento essa é a nossa cama e se tornou o seu refúgio.

Comentário feito por ele do desenho dela: É verdade.

A CRIAÇÃO DO SEU JARDIM é o resultado de diversos desenhos feitos no ambulatório e em casa, que depois foram recortados e reorganizados por eles mesmos sobre uma nova folha, completados juntos e depois narrados a duas vozes.

Ele desenha algumas flores na árvore e na sebe e algumas andorinhas.

Ela pede conselho ao parceiro para desenhar uma mesa e as cadeiras e, querendo colocar um banco, pergunta a Renzo onde colocá-lo.

Renzo desenha as nuvens e pergunta a Lucia se quer participar e assim ela também participa da criação das nuvens.

Renzo desenha uns raios de sol.

Eles decidem desenhar o gato; ele a convida a fazê-lo e ela o desenha.

Perguntamos se um pode enfeitar a árvore do outro.

Nascem luzes em ambas as árvores.

Ele gostaria de colocar amigos que jogam cartas, ela gostaria de desenhar uma criança, mas diz que não se pode desenhar uma criança antes que tenha nascido e então desenha os brinquedos do menino.

Propusemos a cada um que desenhasse a casa e O SEU JARDIM DE INVERNO e depois que escrevesse uma história sobre aquele desenho.

O jardim dela

O jardim de inverno.

Quando o pequeno Alex, de seis anos, acordou, logo se deu conta de ter dormido mais que o normal, esfregou os olhos e correu para chamar a irmãzinha Giulia, um ano mais nova.

... A mamãe e o papai estavam lá esperando por eles e os abraçaram forte desejando um Feliz Natal. Papai Noel em pessoa tinha trazido aquilo que eles queriam.

Alex e Giulia não sabiam se estavam mais felizes pelos presentes recebidos ou pela ideia de que dali a pouco todos iriam descer para o quintal para brincar e fazer um grande boneco de neve!

O jardim dele

O jardim de inverno

Neste dia de inverno, apesar de nevar as prímulas estavam ainda florindo e o sol lutava entre as nuvens e vencia.

Os dias porém são mais curtos, no entanto, mais cedo ou mais tarde chegará a primavera e o jardim ficará ainda mais exuberante.

Prosseguimos o percurso perguntando:

E SE EU FOSSE UM ANIMAL... Que animal seria? E o que o seu animal tem de único, de belo e de especial?

O animal de Renzo

O gato preto se chama Felix e é um gato muito esperto. Quando está com fome se esfrega em todas as paredes e ronrona esperando que o dono repare nele. Nos momentos de descanso adormece perto do seu dono depois de ter-lhe feito todos os carinhos possíveis. É um animal muito preguiçoso e passa a maior parte dos dias dormindo. O gato tem planos de viver muito tempo.

O animal de Lucia

Lilli é uma fêmea de golfinho graciosa mas de movimentos velozes. Nada livre no mar aberto junto aos seus companheiros. Segue os barcos e cumprimenta com saltos alegres as pessoas que continuam a fotografá-la. Ainda é jovem e tem tanta energia.

Desenho livre feito juntos em casa.

Propomos continuar o percurso fazendo com que se encontrem com outro símbolos:

MEU ANIMAL ENCONTRA UM BELO RIO, rico em águas, que nasce, flui e deságua

E a seguir cada um deve escrever, imaginando ser aquele rio, *eu era... eu sou.... eu serei...*

O rio dela.

EU ERA...

Uma adolescente cheia de sonhos e romântica. Procurava o grande amor, mas ao mesmo tempo estudava interpretação, sonhando com grandes teatros, filmes e noites de gala.

EU SOU....

Uma pessoa de trinta anos como tantas, que convive com a pessoa que ama e com quem queria se casar, que tem o financiamento da casa para pagar, que tem um trabalho normal e pouco tempo para se dedicar aos próprios hobbies, a casa para cuidar etc.

EU SEREI...

Abandonado o sonho adolescente de me tornar famosa: uma mulher e uma mãe com tantas coisas para dar à própria família.

O rio dele...

EU ERA...

Triste, deprimido, desmotivado, não estava contente comigo mesmo e com aqueles que me rodeavam. Então eu era muito fechado e não gostava de mim por nada.

AGORA SOU

Mais feliz, menos deprimido, os pensamentos estão mais positivos, recuperei a confiança em mim mesmo e também as pessoas que me rodeiam veem que melhorei.

EU QUERIA

Continuar a ser feliz, melhorando sempre mais e também ter alguma coisa para dar às pessoas.

Em casa, fazem um desenho livre juntos, criando esta maravilhosa história em quadrinhos, com a qual se narram e nos mostram a sua capacidade de cuidarem um do outro.

A história do encontro do gato Felix e do golfinho Lilli

Para concluir: AGORA, BASEADOS EM QUATRO DESENHOS ESCOLHIDOS, reescrevam A SUA HISTÓRIA DE AMOR.

Juntos Renzo e Lucia escrevem a sua história de amor

Renzo e Lucia se conheceram nos idos de janeiro de 1992, na garagem de um amigo comum, onde Lucia costumava ensaiar com o seu grupo musical. Exatamente naquele dia o guitarrista não podia participar dos ensaios e assim pediram a Renzo para ficar no seu lugar.

Desde aquele dia Renzo começou a fazer parte do grupo e também, sem se dar conta, da vida de Lucia.

O grupo musical se dissolveu um ano depois, mas nesse meio tempo, em uma tarde de outubro, Renzo e Lucia tinham começado a namorar.

Depois de alguns meses de encontros solitários, Renzo apresentou Lucia aos seus numerosos amigos, que, depois da escola, se encontravam todo dia no parque. Lucia começou, assim, a fazer parte da turma; jogavam vôlei, cantavam e tocavam guitarra, saíam à noite e davam festas. (desenho 1).

No ano seguinte Lucia obteve o diploma e um ano depois foi a vez de Lorenzo. Começou para ambos uma nova vida, às voltas com os problemas de trabalho, difícil de encontrar, e infelizmente com os primeiros sinais de uma doença insidiosa que estava se apoderando de Renzo. Nesse meio tempo Renzo tinha se mudado para o campo junto com a sua família, e tinha recebido a convocação para o serviço militar. (desenho 2).

Não chegou a ir porque foi a ocasião em que a doença se manifestou com toda a sua força. Por sorte, aqueles momentos ruins passaram, para deixar um novo espaço a uma vida *normal*, feita de trabalho, de encontros fugazes, de algumas discussões, raros momentos de férias e pequenas viagens. (desenho 3)

O tempo que passavam juntos era sempre pouco. Renzo, devido ao seu trabalho, não estava muito presente em casa. Foi então que o desejo de viverem sob o mesmo teto começou a se manifestar, primeiro nos pensamentos de Lucia, depois também nos de Renzo. E já faz seis anos que Renzo e Lucia *moram juntos; infelizmente não estão sozinhos, pois aquela doença voltou outras vezes para visitá-los e a cada vez não foi possível deixá-la do outro lado da porta.*

Agora a doença se foi e Renzo e Lucia, na vida de todos os dias, *estão trabalhando para reforçar aquela porta, a fim de que não possa ser de novo ultrapassada*. Enquanto isso, também *estão cultivando o desejo de aumentar a sua família*. Já tinham pensado nos *nomes dos dois filhos* que gostariam de ter e de vez em quando se abandonam a fantasiar como deveria ser o dia ideal para passá-lo todos juntos. (desenho 4)

E para terminar…

Uma pausa para partir outra vez

Chegamos ao fim do *Per-Curso*.

Caros leitores, o quanto o conhecimento de si mesmos melhorou?

O que foi útil para você descobrir dentros dos seus encontros cotidianos?

Você descobriu que não apenas do seu parceiro, mas de cada pessoa que encontre você tem algo de precioso a aprender para melhorar o conhecimento de si mesmo?

Descobriu que agora não quer mudar ele/ela/os outros, mas que pode mudar a si, isto é, o modo de ver a si mesmo e a eles?

Aprendeu que pode transformar as raivas em solicitações?

E que pode satisfazer as suas necessidades a fim de que não se transformem em pretensões?

E que através daquilo que o outro não faz e não diz você pode ver as suas possibilidades de fazer e de dizer?

Agora você consegue ver as faltas e os defeitos dos outros, aqueles que o aborrecem, como os espiões das suas qualidades que você pode se dispor a despertar?

Agora você deveria saber que ele/ela/eles não são os responsáveis pelo seu sofrimento e pela sua alegria, mas que você pode escolher sintonizar-se no canal que quiser.

Deveria ter conseguido romper o espelho com as imagens cheias de acusações, de raivas e de ressentimentos e reencontrar o espelho generoso que reenvia uma imagem sua sorridente e curiosa em saber quem você é o que quer.

Se você agora vê a si mesmo e a ele/ela/eles com mais abertura e mais curiosidade, e com o desejo de ser mais gentil, agora essas oito lições foram úteis, e eu estou feliz em ter feito essa viagem junto a você, leitor invisível, mas presente na minha mente desde o primeiro momento no qual me pus a escrever.

Eu escrevi para você, para o seu casal, para todos os seus encontros, para oferecer-lhe uma grande oportunidade: a de se convidar a cuidar de si mesmo, do seu crescimento e das suas necessidades cotidianas, para não delegar aos outros o cuidado com você mesmo, para não depender dos outros, esperando que eles se ocupem de você e satisfaçam as suas necessidades.

Só você pode conhecê-las e satisfazê-las, e então poderá se sentir a melhor pessoa que ele/ela/eles possam encontrar.

Para poder dizer: nós dois estaremos bem juntos se eu estiver bem comigo e você consigo.

Se você se ama, pode escolher entre estar entre os doadores de amor, e não apenas entre os que buscam o amor, os que esperam ser amados pelos outros.

Para que cada um possa brilhar com luz própria, e ser iniciativa de atração, e então a vida de casal seja como uma obra de arte, como uma arte, pelo simples motivo de que somos nós os criadores dela.

O que se esconde por trás do resultado de uma obra de arte tão excelente, que nos captura pela sua harmonia?

Esconde-se o cansaço cotidiano de tentativas, erros, estudo, exercícios e treinamento que duram meses e anos, antes de chegar ao resultado que apreciamos.

E o casal, que observamos como se fosse uma criatura, o que esconde por trás da sua história de amor?

Esconde o cansaço de recíprocas concessões e renúncias, compromissos, separações e reencontros, tantos *sim* e tantos *não* ditos ou renegados, tantos *mas* e tantos *se* procurados, tantos fracassos e tantas conquistas, tanto a encontrar um no outro.

Sem essas consciências poderíamos continuar a encontrar um amor irreal e portanto destinado a não nascer ou a morrer.

O meu convite é para que olhem a vida de casal como a uma arte, exatamente enquanto tal se pode aprender e embelezar, sabendo que a beleza difunde a harmonia ao redor de si, e traz assim bondade.

E me vem à mente Beethoven, grande mestre da humildade, além da música, que dizia que um verdadeiro artista não é presunçoso, "o único sinal verdadeiro de superioridade que estou disposto a reconhecer em um homem é a bondade. Onde a encontro, ali é a minha casa".

Eis o que o livro quer oferecer: convites para entrar na casa da bondade. Sobre a porta da primeira sala está escrito "cuido de mim". A seguir, pode-se passar à sala sucessiva, "cuido de você", e enfim chega-se à grande sala na qual se dança o "cuido de nós".

Uma colega que participou de um dos Cursos de Formação "Un percorso creativo con la coppia", nos presenteia com orgulho com a sua experiência de transformação, o seu canto de amor, que descobriu visitando a sua casa da bondade.

Para o meu marido Damiano

Vanna nos pediu para desenhar o símbolo do nosso casal.

E aqui está ele!

Eu não pensava que fosse tão... simples, limpo... essencial.

Não pensava que tivesse a cor azul.

De fato, quando penso, as coisas se complicam; quando desenho, nascem no papel imagens desconhecidas, que me surpreendem.

Deslizamos um sobre o outro com movimentos opostos, mas no desenho tudo isso parece harmônico e faz sentido, como uma carícia mesmo, como uma oscilação.

No nosso símbolo há movimento, um movimento perpétuo.

Talvez amar seja isso mesmo, uma oscilação até si próprio, sem uma finalidade precisa, apenas a espera daquele breve momento no qual as duas curvas quase se sobrepõem, a estética do movimento e a magia do encontro, beleza pura e depois... adiante... em direções opostas, em busca de histórias únicas e a seguir o retorno... e ainda a magia do encontro!

Com todo o meu amor,

Laura

Um gênio como Leonardo da Vinci dizia que tinha um problema: fazer os quadros falarem e mostrar àqueles que admiravam uma pintura o que estava acontecendo ali no interior e o que experimentavam os personagens.

Nós temos o problema oposto: fazer as pessoas falarem, revelarem os segredos do seu coração. E eis que com a ajuda de uma cor escolhida e de um gesto livre, as palavras saem sozinhas, e o cenário se torna aquele de uma autorrevelação.

A obra de arte, no nosso caso, não está no produto, mas no percurso. Está na criação da própria história, que revelando-se ao seu autor se enche de vida própria.

A cura dos corações consiste nisso: em dar voz, forma e cor às histórias mudas, transformando tudo aquilo que está escondido e amedronta em algo que se vê, buscando a própria beleza e a dos outros.

A arrogância, a dureza, a frieza e a apatia são formas de esconder o medo, de pedir ajuda, de pedir amor.

Tudo aquilo que apreendemos será eficaz se soubermos ouvir esses gritos de ajuda: primeiro os nossos e a seguir os dos outros; acolhendo-os, poderemos transformar o medo em amor.

"Na arte de viver o homem é ao mesmo tempo
o artista e o objeto da sua arte, o escultor
e o mármore, o médico e o paciente."
E. Fromm

Agradecimentos

Gostaria de agradecer em primeiro lugar aos casais e às famílias que confiam em mim e nos meus colaboradores no trabalho terapêutico: eles me ensinam o quanto são reveladoras todas as histórias, assim que se transformam em narrativa pictórica, gráfica e verbal; eles são as minhas melhores ocasiões de curiosidade, de pesquisa e de aprendizado contínuo.

E a seguir ...

Obrigado a todos os colegas, italianos e brasileiros, que compartilham comigo o sonho de dar luz e cor às histórias de vida para torná-las belas, únicas e especiais. Eles realizam comigo Per-Cursos nos quais não só vêm tingir a pena no arco-íris, como sugere Diderot, mas também nas cores da sua vida pessoal antes até da vida profissional; o que não tem nada de fácil, mas tudo de belo.

Obrigado a Lidia Porri, Andrea Prandin, Francesca Roncarolo e Maurizia Lenzi (em colaboração com Damiano Suzzi), todos colegas corajosos que nos ofereceram uma de suas histórias clínicas para ilustrar a conversa que ocorre entre as imagens mentais. Para nos mostrar que, quando o objeto privilegiado da conversa é o símbolo, cria-se uma aliança prodigiosa entre o terapeuta e o paciente, que juntos observam o desenho que se cria e se tranforma, que criará e transformará histórias invisíveis em histórias vivíveis.

Obrigado a Cinzia Morselli, que além de nos ter presenteado a sua narrativa de cada encontro, leu a minha primeira versão e a embelezou com toques discretos mas elegantes.

Obrigado a Antonio Cantiello, que procurou comigo, meu marido e Adele Pezzini (a ironia em forma de mulher), nas salas da "Torre Borgo", onde se ensina pintura, os personagens que depois se tornaram os protagonistas das vinhetas.

Obrigado a Daniele Orlandini, estudante da Scuola Internazionale di Comics, Curso de História em Quadrinhos, que com o seu hábil lápis deu um rosto aos personagens que procurávamos, e lhes deu vida e humor.

Um obrigado especial ao meu marido, que desejou que no livro sobre o casal não houvesse *apenas*... mas *também*..., para convidar o leitor não só a refletir, como também a rir de si e da própria história, e essa é com certeza o melhor das curas.

Um obrigado ainda mais especial aos meus filhos, os meus melhores mestres e inspiradores de confiança na vida que nasce, cresce e flui com a sua força misteriosa e maravilhosa. Este livro está sendo lançado na mesma época em que um filho está se preparando para o casamento e o outro, para o noivado.

E para concluir, um obrigado também ao meu casal, que comemora um amor maduro devido aos muitos aniversários que completou, mas que necessita ainda de anos para continuar a crescer!

Bibliografia

BACHELARD, G. *Psicanalisi delle acque, purificazione, morte e rinascita*, tr. it., Como, 1992.

BATESON, G., *Verso un'ecologia della mente*, Adelphi, Milano, 1976.

BATESON, G. BATESON, M. C., *Dove gli angeli esitano. Verso una epistemologia del sacro*, Adelphi, Milano, 1989.

BATESON, G (1979). *Mente e natura. Un'unità necessaria*, Adelphi, Milano, 2008.

BOWEN, M. *Dalla famiglia all'individuo*, Astrolabio, Roma,1979.

BOWLBY, J. *Una base sicura*, Raffaello Cortina, Milano, 1989.

CAILLÉ, P. *Uno e uno fanno tre. Quale psicoterapia per la coppia di oggi*, Armando Editore, Roma, 2007.

CANCRINI, M. G.; HARRISON, L. *Potere in amore*, Editori Riuniti, 1991.

CARASSITI, M. *Dizionario di mitologia classica*, Roma, 2001.

CAROTENUTO, A. (1991). *Amare tradire*, Bompiani, Milano 2002.

CHENG, F. (a cura di Guido Brivio), *Cinque meditazioni sulla bellezza*, Boringhieri, Torino, 2007.

CHEVALIER, J.; GHEERBRANT, A. *Dizionario dei simboli. Miti, sogni, costumi, gesti, forme, figure, colori, numeri*, vol. II, tr. it., Milano, 1994.

DICKS, H. V. *Il matrimonio collusivo ed i confini del'Ego*, in Cigoli V., *Terapia familiare l'orientamento psicoanalitico*, Franco Angeli, Milano, 1983.

DURAND, G. *Le strutture antropologiche dell'immaginario. Introduzione all'archetipologia generale*, tr. it., Bari, 1991.

FORMENTI, L. (a cura di), *Attraversare la cura. Relazioni, contesti e pratiche della scrittura di sé*, Erickson, Trento, 2009.

FREUD, S. (1905). *Tre saggi sulla teoria sessuale*, in *Opere*, vol 4, Boringhieri, Torino, 1970.

FREUD, S. (1921). *Psicologia delle masse e analisi dell'io,* in *l'Io e l'es e altri scritti,* 1917-1923, *Opere*, vol 9, Boringhieri, Torino, 1977. *Genesi*, 1,27

GRECO, O. *La doppia luna. Test dei confini e delle appartenenze familiari*. Ed. Vita e Pensiero, Milano.

GULOTTA, G. *Commedie e drammi nel matrimonio*, Feltrinelli, Milano, 1993.

GUSTAV KLIMT (1862-1918). *Le tre età della donna*, 1905, Galleria nazionale d'Arte moderna, Roma.

HANH, T. N. *Discorsi ai bambini e al bambino interiore*, Astrolabio, Roma, 2002.

HALEY, J. (1973). *Terapie non comuni. Tecniche ipnotiche e terapia della famiglia*, Astrolabio, Roma, 1976.

HALEY, J. *Cambiare le coppie. Conversazioni con Milton H. Erickson*, Astrolabio, Roma, 1987.

HEIDEGGER, M. *Essere e tempo*, Longanesi, Milano, 1976.

HEIDEGGER, M. *L'abbandono*, 1959, il Melangolo, Genova, 2006.

MALHER, M.; PINE, F.; BERGMAN, A. *La nascita psicologica del bambino*, Bollati Boringhieri, Torino, 1978.

MARLETTA, L. *L'interpretazione dei colori*, Editrice Urano, Milano, 1976.

MCGOLDRICK, M. *Genograms in family assessment,* Norton, New York, 1985.

MINUCHIN, S. (1974). *Famiglia e terapia della famiglia*, Astrolabio, Roma, 1976.

MURARO, L. *L'ordine simbolico della madre*, Editori Riuniti, Roma, 1991

PERLS, S. F. *La terapia gestaltica parola per parola*, Astrolabio, Roma, 1980.

PUVIANI V. *Il canto della luna. Quando la psicoterapia si fa poesia,* Armando, Roma, 2010.

RICOEUR P. *Il simbolo dà a pensare*, Morcelliana, Brescia, 2002.

SANTONA, A.; ZAVATTINI G. C. *La relazione di coppia*, Borla, Roma, 2007.

SATIR, V., *Il cambiamento nella coppia*, in ANDOLFI, M. (a cura di), *La crisi della coppia. Una prospettiva sistemico relazionale*, Raffaello Cortina, Milano.

SCABINI, E., *Psicologia sociale della famiglia. Sviluppo dei legami e trasformazioni sociali*, Bollati Boringhieri, Torino, 1995.

VÉZINA, J. F., *L'avventura dell'Amore. Dall'amore nascente all'amore duraturo*, Edizioni Magi, Roma, 2010.

WINNICOTT, D. W. (1971). *Gioco e Realtà*, tr. it. Armando, Roma, 1974.

WINNICOTT, D. W. *Dal luogo delle origini*, Raffaello Cortina, Milano, 1990.

WHITAKER, C. A. *Danzando con la famiglia, – Un approccio simbolico-esperienziale*, Astrolabio, Roma, 1989.

WHITAKER, C. A. *Il gioco e l'assurdo. La terapia esperenziale della famiglia*, Astrolabio, Roma, 1984.

WHITAKER, C. A. *Il crogiolo della famiglia*, Astrolabio, Roma, 1981.

JUNG, C. G.(1967). *L'uomo e i suoi simboli*, TEADUE, Milano, 1991, p. XI della Introduzione.

JUNG, C. G.*Psicologia e alchimia*, Bollati Boringhieri, 2006, Torino.

JUNG, C. G.*Opere*, volume IX /1.

JUNG, C. G.*L'uomo e i suoi simboli*, TEADUE, Milano, 1980.